SEJA BEM-VINDO!

N945c Novo, María.
   Seja bem-vindo! Cartas a uma criança que vai nascer / María Novo, Francesco Tonucci ; tradução Ernani Rosa. – Porto Alegre : Artmed, 2009.
   140 p. ; 25 cm.

   ISBN 978-85-363-1765-6

   1. Desenvolvimento intelectual da criança. 2. Crianças – Educação. 3. Relação Pais e filhos. I. Tonucci, Francesco. II. Título.

CDU 159.922.72

Catalogação na publicação: Renata de Souza Borges CRB-10/Prov-021/08

SEJA BEM-VINDO!
Cartas a uma criança que vai nascer

María Novo
Francesco Tonucci

Tradução:
Ernani Rosa

Consultoria, supervisão e revisão técnica desta edição:
Maria Carmen Silveira Barbosa
Doutora em Educação pela UNICAMP.
Professora na Faculdade de Educação da UFRGS.

2009

Obra originalmente publicada sob o título
Bienvenido, Juan: cartas a un niño que va a nacer
ISBN 978-84-7827-465-9
© del texto, María Novo
© de las ilustraciones, Francesco Tonucci (Frato)
© Editorial GRAÓ, de IRIF, S.L., Barcelona
All rights reserved. This translation published under license.

Capa
Mário Röhnelt, a partir do original

Preparação de originais
Lara Frichenbruder Kengeriski

Leitura final
Marcos Vinícius Martim da Silva

Supervisão editorial
Mônica Ballejo Canto

Projeto e editoração
Armazém Digital® Editoração Eletrônica – Roberto Carlos Moreira Vieira

Reservados todos os direitos de publicação, em língua portuguesa, à
ARTMED® EDITORA S.A.
Av. Jerônimo de Ornelas, 670 – Santana
90040-340 Porto Alegre RS
Fone (51) 3027-7000 Fax (51) 3027-7070

É proibida a duplicação ou reprodução deste volume, no todo ou em parte,
sob quaisquer formas ou por quaisquer meios (eletrônico, mecânico, gravação,
fotocópia, distribuição na Web e outros), sem permissão expressa da Editora.

SÃO PAULO
Av. Angélica, 1091 – Higienópolis
01227-100 São Paulo SP
Fone (11) 3665-1100 Fax (11) 3667-1333

SAC 0800 703-3444

IMPRESSO NO BRASIL
PRINTED IN BRAZIL

A nossos filhos e filhas.
A todos os meninos e meninas do mundo.
A quem os ajuda a crescer,
na família e na escola,
porque a prioridade mais urgente
é se dar tempo para amar...

Não existia. Mas porque o amaram chegou a ser.
Rainer Maria Rilke

Sumário

Introdução de María Novo 9

Introdução de Francesco Tonucci e FRATO 17

Primeira carta: Só o amor não basta 21

Segunda carta: Os alicerces da casa 31

Terceira carta: As crianças nascem "sem terminar" 43

Quarta carta: Nossa pátria é a infância 55

Quinta carta: Criar vínculos 67

Sexta carta: A criança, uma exploradora 79

Sétima carta: Estimular sem angustiar 93

Oitava carta: As crianças vivem no presente 105

Nona carta: O papel dos pais 115

Última carta: Bem-vindo, João! 127

Introdução

María Novo

Na minha juventude, eu sonhava, como quase todos os jovens, em mudar o mundo. Queria fazê-lo sem violência, embora com toda a radicalidade que impõe o primeiro olhar sobre as coisas e o desejo de que nosso meio seja mais harmônico, mais justo. Levada por esses desejos, descobri um instrumento transformador de primeira ordem: a educação. Educar era uma tarefa que abrangia muito além do meramente tecnológico e se ancorava na consciência das pessoas, nesse espaço íntimo em que ganham sentido os valores, as decisões informadas, o ato de compartilhar... Educar me permitia pensar em mudanças feitas a partir do amor, do diálogo...

Junto com a educação, logo descobri a importância do meio ambiente, o valor dos contextos, a influência que tudo o que nos rodeia tem sobre nossas percepções, emoções, condutas... e também o modo como nos condicionamos a esse meio que nos envolve. Soube que, para uma criança, seus pais e sua família são o primeiro e o mais importante dos ambientes.

Dediquei a ambos, educação e meio ambiente, meus estudos e, depois, meu trabalho profissional e minha dedicação como escritora. Nos já longos anos que me separam daquela María que descobria o mundo e queria transformá-lo, nunca deixei de acreditar na educação como o melhor instrumento para a mudança e na escrita como uma criação que nos aproxima da felicidade e da responsabilidade.

Com o passar do tempo, essa dupla vocação foi se unindo, tomou a forma de um único projeto: contar histórias sobre o mundo, contribuir para a sua compreensão e para o seu entendimento a todos aqueles que o habitam. Então, nesse empenho, fui desenvolvendo o que a razão me ensinava e o que o coração compreendia. Os saberes intelectuais e a prática artística caminharam entrelaçados nesses anos, sem poder nem querer delimitar seus âmbitos, fazendo de sua integração um único destino.

Minha vocação de escritora foi crescendo assim ao calor de um desejo: "sonhar com as mãos", como dizia Octavio Paz, abrir "o manancial das palavras para dizer eu, tu, ele, para falar sobre nós mesmos",

viajantes da vida,
que quisemos entendê-la
e, por fim,
nos conformamos em amá-la...

Escrever é um prazer que me vem de antigamente. Meu pai já escrevia e eu cresci rabiscando palavras e desenhos em cadernos feitos com folhas recicladas das provas gráficas de seus textos. Assim, fui me familiarizando com essa bela tarefa dos contadores de histórias. Nesse caldo de cultura, nasceu meu primeiro livro quando eu ainda era muito jovem: uma coleção de poemas que anunciava o princípio de um caminho ininterrupto.

Desde então, ficou claro para mim que eu escrevia para me comunicar. Tanto que essa minha primeira obra abria com uma frase de Karl Jaspers: "Apenas na comunicação se realiza qualquer outra verdade". Ideia tem me acompanhado até os dias de hoje, e ela me lembra sempre que meus pequenos saberes, minhas intuições, minhas dúvidas ou verdades provisórias não me pertencem, que eles estão aí para serem comunicados, para entrarem em diálogo com outros saberes, outras dúvidas, verdades diferentes... Em suma, para compartilhar visões do mundo e sugestões acerca de como podemos torná-lo mais habitável para todos nós, os seres vivos acolhidos em seu seio.

Minha juventude já está distante; depois daquele primeiro livro, foram aparecendo outros que, sob formatos científicos ou artísticos, sempre tiveram uma mesma finalidade: contar histórias, relatar visões do mundo como propostas inacabadas. Meu ofício de "contadora de histórias" foi envolvendo assim tudo o que escrevi. Um ofício que exige ouvir muito, esquadrinhar a realidade, tentar ver além do visível... Uma atividade que produz tantas satisfações como requer horas de solidão... Uma dedicação que, como tantas outras, nos aproxima da realidade e nos torna mais humanos.

Há algum tempo, surgiu a oportunidade de escrever este livro. Que história queria contar então? Quem era o pequeno João que vinha ao mundo? Enquanto me fazia essas e outras perguntas, as palavras e as frases começavam a fluir, cresciam espontâneas: meu desejo era ressaltar o valor do primeiro ano de vida de uma criança, algo que conheço não só por minha formação como também por minha experiência como mãe. De modo que não darei grandes razões sobre o "porquê" dessa temática. Basta dizer que havia chegado o momento de abordá-la, de destacar o imenso valor da ternura que dedicamos aos recém-nascidos, a enorme importância dessas primeiras experiências sensoriais e afetivas... o fato de que o amor e o conhecimento, quando caminham juntos, podem fazer com que a vida seja uma bela aventura, também para eles, os menores, os mais necessitados.

Pendurado em meu estúdio, tenho um cartaz colorido que comprei em uma pequena loja inglesa. Diz assim: "Aos olhos de uma criança, o amor se chama *tempo*". Preocupava-me, e ainda me preocupa muito, esse ritmo acelerado de nossas sociedades, esse modo como as empresas e os trabalhos exigem cada vez mais tempo das pessoas. Conheço muitas mães descontentes com seus horários profissionais, os quais não lhes permitem dedicar todas as horas que gostariam a seus filhos pequenos. Elas reclamam licenças-maternidade mais longas, outras possibilidades de conciliar família e emprego. Por sorte, são também muitos os pais que hoje ajudam a cuidar dos filhos, mas, para isso, também é igualmente difícil dispor deste valioso tesouro: o tempo.

Mas não é só a disponibilidade de tempo que é necessária para criar um filho, também é preciso conhecimento. Sempre me chamou a atenção o fato de as pessoas investirem uma grande quantidade de horas (e de dinheiro) para aprender a dirigir uma máquina trivial como um carro e, no entanto, não existe o costume de que os futuros pais e mães se preparem para aprender a conduzir um ser sensível e complexo, como é o ser humano, em seus primeiros anos de vida.

Francesco Tonucci é um velho amigo a quem me unem estas preocupações. Ele soube melhor do que ninguém ver o mundo com olhos de criança, pôr-se em seu lugar para contar histórias que, de outro modo, seriam difíceis de se compreender. Francesco tem a bela experiência de ter sido pai, de ser avô e não ter abandonado nunca o exercício de pensar do modo como o fariam seus filhos ou seus netos, enfim, de compreender esse complexo mundo interior da infância... Além disso, é um dos melhores pedagogos que conheço.

Mas ser amiga de Francesco tem uma vantagem insólita: significa ter dois amigos em um. Porque ele também é FRATO, um desenhista excepcional que está há décadas olhando o mundo a partir da perspectiva da infância e nos contando essa experiência por meio de suas ilustrações.

Há anos, em um de nossos encontros, ambos destacamos a preocupação com a maneira pela qual, em nossas sociedades aparentemente avançadas, estava se dando pouco lugar e, principalmente, pouco tempo às crianças pequenas e aos recém-nascidos. Ambos éramos conscientes, por nossa visão profissional e por nossa experiência humana, da importância que têm os primeiros anos de vida de uma pessoa na construção de suas estruturas afetivas, emocionais, intelectuais... E nós dois pensávamos que se devia falar dessa importância, que seria bom que a sociedade dedicasse algum tempo de reflexão para se perguntar "quanto vale o primeiro ano de vida de uma criança".

Combinamos fazer alguma coisa juntos, um livro com desenhos de FRATO, uma obra de ficção que tivesse por trás o conhecimento do que é um ser humano em seu exercício inicial de chegar à vida, de descobrir o entorno e esse exílio forçado que serão sua morada para sempre. Combinamos fazer alguma coisa juntos, mas ambos andávamos ocupados demais.

Até que chegou um verão em que, de minha parte, dispus de um tempo precioso para desfrutar escrevendo. Não tive dúvida: ali estava João me esperando, um pequeno amigo com quem eu já havia falado tanto em meus pensamentos que me parecia um familiar, e que agora tomava forma para iniciar a aventura da vida... Tive apenas de me sentar diante do computador e escrever "Bem-vindo, João"... A ideia dos relatos começou a fluir sozinha...

Decidi que seria um livro de cartas que sua mãe lhe escreveria durante os nove meses de gestação, cartas que dariam conta de muitas descobertas sobre como João iria crescendo e se desenvolvendo... mas também sobre a grande importância que teriam esses primeiros tempos de sua vida, a forma como iria se construindo seu mundo emocional, o valor das experiências de contato com a mãe e com o pai...

E, assim, comecei a trabalhar em um esquema prévio. Diverti-me muito fazendo isso, pois nele pude verter meus conhecimentos pedagógicos, minhas intuições artísticas, minha experiência como mãe e, inclusive, os meus registros ambientais. Todas as "Marias" haviam se posto de acordo, sem esforço, para estarem presentes nesse conteúdo, para dialogar primeiro entre elas e depois com outros homens e mulheres. Recuperei aquela máxima de Jaspers que abria meu primeiro livro e disse a mim mesma, de novo, que na comunicação podiam se construir muitas verdades.

A decisão de que este fosse um livro de cartas está ligada ao meu gosto pelo gênero epistolar. Mas, além disso, a possibilidade de que uma mãe grávida pudesse falar intimamente com o bebê que carregava me pareceu muito sugestivo. De modo que precisava rapidamente da figura de uma mulher jovem e sensível, e a encontrei muito perto, em minha própria filha Irene, tão aberta ao exercício de amar, tão capaz de escrever e falar do que ama.

Também necessitava de uma avó que encarnasse essa outra visão, a que dá a experiência. É claro que não podia ser eu mesma; então, olhei ao redor e não tive dificuldades para identificá-la: seria como minha querida amiga Ana Etchenique, que acabava de ter dois netos e era, para mim, um exemplo de amor incondicional e de sabedoria. Os demais personagens e o contexto eram mais fáceis de improvisar, de modo que, sem pensar mais nisso, entreguei-me ao trabalho.

Queria escrever um livro que fizesse o leitor passar bons momentos e que, ao mesmo tempo, ajudasse-o a compreender algumas coisas das quais pouco se fala. Ao lado de meus conhecimentos sobre a psicologia evolutiva da criança e sobre a pedagogia ligada a ela, quis deixar que fluíssem minhas experiências como mãe, as sugestões de algumas amigas jovens que estavam grávidas e, ainda, esse mundo imaginário sem o qual toda história se torna impossível.

Sempre divido com os meus os temas de meus livros. Então, logo depois que comecei a escrever esta história, meu filho Guillermo me perguntou de que se tratava. Lembro que, ao explicar para ele, disse-lhe meio na brincadeira: "Estou escrevendo com Francesco, mas ele ainda não sabe".

Passei alguns dias assim, por umas duas semanas, dando forma ao primeiro rascunho do roteiro. Quando achei que já tinha alguma coisa a oferecer, liguei para Francesco e lhe dei a notícia: nosso livro estava em andamento, podia contar com ele?

A resposta foi tão generosa como ele mesmo: não só Francesco Tonucci se envolveria com a obra como também o próprio FRATO, que se ofereceu para acompanhar o texto com a linguagem do seu desenho, quer dizer, a contar a história de outro modo.

Minha alegria foi imensa. Esse "amigo duplo", esse magnífico colega, já era meu companheiro de viagem. E começamos a viajar, talvez essa seja a melhor expressão, porque nos reunimos para discutir o texto e as ilustrações em aeroportos, em lugares públicos (também em nossas casas, com alguma agradável refeição durante o trabalho...). O fato de vivermos longe, ele em Roma e eu em Madri, não foi empecilho para que comentássemos longamente sobre o que queríamos contar, para que sonhássemos juntos com uma obra transparente e simples, dirigida aos pais, às mães e, também, a todos os profissionais que trabalham no mundo da infância ou estudam sobre ele.

Pela mão de FRATO foram aparecendo as ilustrações. O pequeno João, desde o ventre de Irene, se mostrava espirituoso e brincalhão, inclusive fazia perguntas e arriscava alguma que outra sugestão... Textos e desenhos seguiam dialogando, ressoando uns nos outros, e o conjunto tomava essa forma que tem agora, sem se distinguir as linguagens, sem nem poder querer separar seus conteúdos.

Foi assim que João – Joãozinho para os amigos – foi crescendo e se tornando cúmplice destas histórias que sua mãe, Irene, lhe contava. Escrever sobre isso foi uma tarefa muito agradável, mas, concluída, surgiram de novo outras perguntas: será que vão entender?, as histórias estão na linguagem adequada?

Então foi a hora da inestimável colaboração das amigas, algumas das quais haviam sido mães ou estavam esperando um filho. Um grupo delas aceitou ler o rascunho do livro e criticá-lo, e Francesco e eu nos sentimos muito gratos por provar o ditado segundo o qual "um amigo é aquele que só fala mal de você para você mesmo".

A primeira pessoa que o leu foi minha colega e amiga Ángeles Murga. Quando lhe dei o livro, eu não estava muito certa de ter acertado plenamente o texto, de modo que o que ela me disse foi muito estimulante: "María, este é o mais bonito de todos os livros que você escreveu até agora". Conheço bem Ángeles e sei que nunca afirmaria algo se não estivesse convencida. Conheço igualmente sua ampla formação como psicóloga e pedagoga. Quer dizer, suas palavras ofereceram para mim uma primeira injeção de ânimo, um estímulo que dividi em seguida com Francesco para lhe dizer: "Acho que acertamos".

Depois, surgiram outras contribuições generosas, outras leituras. Os inestimáveis conselhos de Celsa Sánchez, Begoña Palacio, Ana Etchenique, Ana Castro, Isabel Miranda, Gloria Martínez, Concha Moreno, María Rey, Gloria Sánchez Alonso, Cayetana Egusquiza, Begoña Sagardinaga, Yolanda Novo, Maria José Bautista, Esperanza Moreno, Isabel Infante e de Gemma Lerena foram valiosíssimos para recompor algumas ideias, adaptar expressões, adequar, enfim, os textos à realidade de qualquer mulher que vai ser mãe. Como sempre, as sugestões de meus filhos, Irene e Guillermo, e a própria companhia enquanto trabalhava nestas cartas, foram uma dádiva para mim.

Então, desse modo, primeiro como "um passo a dois" e depois como uma dança coletiva, o texto que está agora em suas mãos, querido leitor ou leitora, tomou sua forma atual, se tornou vivo para chegar até você e saudá-lo, para o acompanhar na aventura de compreender algo tão complexo e belo como é o primeiro ano de vida de uma criança. Espero que estas palavras ajudem você a amar melhor, a amar a partir de uma sábia mistura de intuição e conhecimento. Espero que se divirta com sua leitura. Espero que seus filhos, seus netos, seus pequenos irmãos ou amigos recém-nascidos sejam a partir de agora mais visíveis para você, não só por fora como também naquilo que acontece em seu pequeno coração.

Introdução

Francesco Tonucci e FRATO

María me pede que escreva alguma coisa para completar a introdução de nosso livro, e aceito com prazer, embora deva dizer que eu me sinto totalmente representado e satisfeito com o que ela escreveu sobre mim e que FRATO também está contente com o que comenta dele.

Então...? Quero apenas agradecer a María por nos ter metido nessa aventura e contar alguns detalhes, especialmente sobre o que mais nos agradou nessa colaboração incomum.

Já estávamos acostumados a trabalhar em dupla, Francesco e FRATO, mas com outra pessoa é a primeira vez. FRATO nasceu publicamente por volta de 1968, quando Francesco já tinha 28 anos, uma esposa e dois filhos. Mas, na realidade, sempre esteve comigo, porque as primeiras lembranças de minha infância já são lembranças de desenhos: no quadro da escola infantil; nos cadernos, onde me cansava de escrever e fazer contas; nas folhas e folhas de papel, sempre para representar personagens que, recortados, eram os bonecos de nossas brincadeiras infantis.

Enquanto estive na escola, meus desenhos ficaram relegados aos momentos do tempo livre e das férias. Os estudos foram ganhando a maior centralidade em meu tempo, e assim também ocorreu depois na universidade e em meu trabalho no Instituto de Psicologia do Centro Nacional de Pesquisa (CNR) de Roma. Assim foi até o ano de 1968, quando todo mundo se perguntava sobre como fazer com que os resultados de nossas pesquisas e dos conhecimentos que delas se derivavam se tornassem compreensíveis para todas as pessoas, principalmente para as menos letradas.

Nesse contexto, FRATO nasceu oficialmente. Com esse pseudônimo comecei a assinar as ilustrações que acompanhavam os textos de minhas pesquisas, de meus artigos e de meus livros. O pseudônimo surgiu porque, naquela época, parecia-me impróprio que um pesquisador desenhasse charges, de modo que me ocultei por trás dessa máscara. Mas FRATO cresceu bem e, apesar de uma relação às vezes esquizofrênica, nos desenvolvemos com bom humor. Hoje, ambos temos quase o mesmo número de livros, e penso que também o mesmo número de discípulos (ou talvez ele tenha mais...).

Trabalhar com María foi simples e divertido. Simples porque, há muito tempo, coincidimos em nossos desejos, preocupações e esperanças. Simples também porque, para nós dois, está claro que, se os jovens de hoje têm medo de ter filhos, não depende tanto de razões econômicas ou da falta de projetos educacionais para a infância (as regiões que têm os melhores projetos têm, às vezes, o índice de natalidade mais baixo, como acontece na Itália com Reggio Emilia, por exemplo). Trata-se, antes, de um complexo problema cultural.

Para enfrentá-lo é necessário tomar muitas medidas – políticas, administrativas... –, mas também temos que fazer todo o possível para encantar, seduzir, apaixonar os jovens com a ideia de ter filhos. Todo o possível para que não renunciem à maior satisfação que pode ter uma mulher ou um homem...

Nosso acordo, o de María e o meu, para viver juntos a aventura deste livro, tomou forma com uma simples ligação telefônica, com vários *e-mails* e também com encontros de poucas horas em aeroportos, hotéis ou em nossas casas, para trocar opiniões.

Mas dizia que a experiência também foi divertida porque FRATO gosta de trabalhar assim, com humor, de maneira pouco convencional, inclusive transgressora. Por isso, enquanto María e eu discutíamos sobre algum tema fundamental, ele desenhava e brincava com o fundamental, exibindo João no ventre de sua mamãe muito chateado, seja porque não gostava da música que botavam para ele ou pelo que o psicólogo havia dito no curso de preparação para o parto.

Às vezes, lendo as cartas que María nos enviava por *e-mail*, FRATO ia desenhando, ao lado do texto, montes de ideias, assim como saíam, ao ritmo da leitura, em poucos minutos. Em outras ocasiões, os desenhos nasceram nos aeroportos, no hotel ou na casa de María, enquanto ela preparava um jantar saboroso e discutia comigo sobre algum problema fundamental.

Assim, as ilustrações foram crescendo, pequenas, apenas esboçadas, como também crescia João ao longo dos meses. E depois já se tornavam maduras, em um bom papel, com nanquim... e com textos primeiro em italiano, depois em espanhol. Assim elas chegaram às mãos de María. E assim, hoje, elas fazem parte deste livro que fala do ano mais importante e mais belo de nossa vida.

Primeira carta

1

Só amor não basta

Meu querido recém-chegado
(ou recém-chegada, é claro)

Não sei bem como começar esta carta, pois estou tão emocionada desde que, há dias, voltei do médico com a notícia de que você está aqui dentro, no calor do meu ventre, disposto a dividir comigo tudo isso que parece tão simples – respirar, comer, se mexer – mas que, na realidade, deve ser muito difícil para alguém que se encontra num espaço tão reduzido.

Bem, vai ver não é tão difícil, e você vai ficar numa boa no meu interior. Confesso que eu, quando as coisas ficam feias no meu trabalho ou quando aqui fora não vejo mais que guerras e morte, penso que seria bonito poder voltar, mesmo que fosse por alguns instantes, ao útero materno, estar aí envolta, protegida, com o alimento garantido e um bom clima, quentinha, sem que nada nem ninguém pudesse invadir esse pequeno espaço. É uma ideia louca. Você vai ver, por experiência, que depois que se sai do ventre da mãe é impossível voltar, por mais que o desejemos.

O médico estava todo sorridente quando me deu a notícia: você vai ser mãe, Irene. E o sorriso dele me contagiou na hora. Não sei se me alegrava por você ou por mim, por você que vai chegar ao mundo ou por mim que vou viver um processo tão apaixonante como o de senti-lo crescer aos pouquinhos, saber que vai tomando forma de pessoa, que chegará um momento em que perceberá minhas carícias e que poderei lhe falar. Dizem que impressiona muito sentir como vocês, bebês, chutam nossa barriga nos últimos meses, e acredito, porque imagino que é o melhor sinal de que estão vivos, e bem vivos.

Seu pai também estava presente e, como é natural, alegrou-se muito. Mas eu acho que, ao mesmo tempo, estava um pouco assustado, como se não entendesse bem qual é seu papel na aventura que vamos viver, você e eu. Claro, ele terá que se limitar a escutar de fora, assim como a interpretar as sensações que eu lhe contar... Nisso ele está em piores condições, já percebi. Então, vou procurar falar muito com ele, em primeiro lugar para que lhe passe o susto e depois para que possa experimentar seu crescimento passo a passo, para que ele também possa escutar e sentir você à medida que vai nos enviando sinais.

Estou grávida de um mês e meio, mas, quando me olho no espelho, já me vejo mudada. Será verdade? Ou se trata de uma sensação subjetiva, a de saber que você se abriga no mais íntimo de mim? Mas, veja você, às vezes não consigo acreditar de todo. Tem dias que tenho certeza, em outros momentos o que sinto é que meu corpo se parece com um laboratório em que estão acontecendo coisas importantes e, então, tenho uma espécie de dúvida – será mesmo? – e inclusive temor de que todo esse processo não acabe bem... E assim, entre dúvidas e certezas, vou compreendendo o que significa esse mistério que você e eu estamos vivendo.

Quem está se divertindo muito com tudo isto é a sua avó Ana. Você não imagina com que alegria ela recebeu a notícia e como seus olhinhos dançavam quando anunciou que poderá ajudar a cuidar de você, dizendo que é uma "especialista" porque criou três filhos... A verdade é que é uma sorte tê-la por perto, porque ela vive as

coisas com tanta alegria que parece uma jovenzinha adolescente, sempre se espantando com esse tipo de milagres que, como o de um novo nascimento, acontecem todo dia, mas que Ana acha cada vez mais maravilhosos.

Sua avó teve uma infância muito feliz, isso ela me disse, e depois, quando foi mãe, quis algo parecido também para nós. E agora ela me emocionou muito ao se oferecer para deixar o próprio trabalho, se fosse preciso, para cuidar de você durante o primeiro ano. Diz que esse é o tempo mais importante de toda a sua vida, e que isso condicionará muito sua segurança ou insegurança, seu sossego ou ansiedade, diante de todas as circunstâncias posteriores. Eu não sei se é assim mesmo, porque a vovó não é pedagoga nem psicóloga, mas minha intuição diz que sim, porque ela é muito esperta e é tão prática que sempre soube o que devia fazer com a gente para que fôssemos felizes e, ao mesmo tempo, soubéssemos entender os limites de nossos desejos, quer dizer, para que não fôssemos uns tiranos.

A vovó cresceu livre e agora sonha que você possa correr pelos morros como ela fazia, inclusive descalça, naqueles velhos tempos. Eu sei que isso é impossível. Estamos em uma cidade e os morros ficam longe. Mas também tenho certeza de que nós – ela, seu pai e eu – pensaremos em um modo para que você possa experimentar essa liberdade inicial, que tanto serve para correr, rir, brincar, pular... quer dizer, para explorar o mundo por si mesmo.

Ontem à noite, ficamos batendo papo até muito tarde. É como se ela fosse ter novamente um bebê. Está muito entusiasmada e acho que, agora, com os anos, ela sabe melhor do que nós o que significa ser mãe, de modo que gosto de ouvi-la: é como voltar à infância e encontrar minhas vivências explicadas, saber o porquê de tantas coisas que então aconteciam para mim como as fases da Lua, de forma mágica, simplesmente porque sim.

De tudo o que falamos, fiquei pensando em uma frase que ela me disse: "Só o amor não basta". Essa ideia ficou martelando, desde ontem, porque eu pensava que ser mãe era só uma questão de amor, de dar muito carinho e que o resto viria por si só. Mas a vovó insiste em que o amor é necessário, imprescindível, mas que também é preciso se preparar para saber que você é uma criança, que sente, que se deve saber o que fazer com você, principalmente nos primeiros tempos, quando será ainda tão frágil que não poderá se virar por si mesmo nem expressar com palavras o que sente. A vovó e eu nos distraímos falando sobre você quando, de repente, ela começou a me falar de um carro – veja só que mudança de assunto –, de um suposto carro fantástico que eu ia ter no futuro.

> SÓ O AMOR NÃO BASTA.

> CLARO! EU PRECISO DE MUITO MAIS!

— Se fosse comprar um carro, Irene querida, não ia ter que aprender a dirigir? E então? Quantas horas estaria disposta a dedicar à aprendizagem? Faria quantas aulas na autoescola?

Eu ia dizendo que sim a tudo, que faria pelo menos umas 20 aulas, sem saber onde ela estava querendo chegar. Então, outra vez, de repente, ela desatou a rir e me disse:

É PRECISO SE PREPARAR

— E não acha mais difícil entender e cuidar de uma criança do que de uma máquina?

Então, eu compreendi: a espertinha havia me arrastado para o terreno dela...

— Claro, mamãe, claro que sim. Uma criança é alguém muito mais complexo, não há a menor dúvida.

E aí veio a cutucada:

— Pois decida quanto tempo está disposta a dedicar a esta aprendizagem, a saber o que é e o que sente um bebê em cada fase de seu crescimento.

SOU MELHOR QUE UMA FERRARI...

E me deixou pensando, assim como estou agora, sobre o que se deve fazer para saber um pouco mais sobre você, de como vai crescer, primeiro dentro de mim e depois aqui fora, quando viver por conta própria. Estou toda confusa. Nunca havia refletido sobre esse negócio do carro e agora, de repente, compreendi que você vale mais que um Jaguar, que um Mercedes, que todos os carros do mundo. Terei de ver o que faço com essa ideia.

Seu pai, em um plano muito mais romântico, me contou outra coisa muito bonita, e que eu lhe transmito agora, embora você ainda seja um pequeníssimo broto de vida, porque penso ir contando tudo o que me acontecer nesse tempo, para que, dessa nossa cumplicidade, você possa estar conectado com o exterior, e que comece a ter uma história.

Ele me comentou que o que estamos vivendo agora é como um conto que tivesse um princípio mágico e dois finais felizes. Bendito conto!, pensei, é desses que gosto, sem guerras nem mortos... E me falou do princípio: da força da vida para seguir povoando a Terra, da maravilha que significa o surgimento, a partir do encontro entre duas pessoas, da possibilidade de que a vida continue.

Eu senti algo como um tremor ao ouvi-lo. Estava compreendendo que isso que nos acontece agora com sua chegada a meu ventre é a expressão da mesma força que faz crescer a grama, que move as marés e dá alimento aos seres que vivem na praia... É a força que faz com que os filhotes dos passarinhos rompam a casca e saiam para o exterior... e é também a força que guia os girassóis em sua orientação para a luz...

Quer dizer, você, seu pai e eu estamos sendo protagonistas desse processo: perpetuar a vida, fazer com que ela siga em frente. Somos muito importantes, agora compreendo; somos uma parte a mais de todo esse fenômeno de plantas, de animais, de mares e rios que trazem e levam a água. É assim que vejo você, é assim que vejo a mim mesma. E como é bom, como é bom que a existência seja isto, fazer com que o vivo se reproduza; como é bom para você e para mim, para seu pai que me conta essa história, que bom para todos...

Bem, este é o começo da história: você chega, com tudo o que essa chegada significa (depois seu pai contou várias piadas que me fizeram rir, mas que agora não vou revelar porque você não as entenderia...). E, assim, até chegar aos dois finais, o que já me deixava muito intrigada: como um conto poder terminar de duas maneiras diferentes?

Ele me explicou. Primeiro final: você nasce, chega ao mundo e é "mais um" entre os seres vivos de nossa espécie, alguém dotado de um cérebro que lhe permitirá ter consciência, tomar parte na vida coletiva, participar das decisões de seu grupo... Mas também (segundo final): você é uma pessoa única, distinta de todas as demais, irrepetível, e nessa diferença está a maravilha de sua vida, o que lhe fará mais livre e, talvez, mais necessário. Será excelente em algo – ainda não sabemos no quê – e por aí vai seguir descobrindo seu papel no mundo, enquanto os que o rodeiam saberão esperar de você algumas coisas que só você poderá lhes dar.

Desatei a chorar ao final da história. Quantas coisas possíveis, quanta maravilha está para chegar! Então, seu pai me abraçou muito forte e lembrou que toda esta história, embora ele tenha começado a contar a partir de seu nascimento, na realidade está começando agora, no mesmo instante em que você tomou corpo em meu próprio corpo. É como um filme que tivesse duas partes, e as duas tão mágicas, tão belas...

Meu querido menino ou menina que vai nascer: acho que seu pai e sua avó vão me ajudar muito a entender tudo isso que está acontecendo com a gente, e a amar você como você merece. Ainda que no fundo a ideia essa do carro e de aprender a dirigir fique rodando... Preciso pensar com calma. Entretanto, mesmo que você seja muito, muito pequenino ainda, quero que sinta que o abraço com toda a força que me dá saber que você está aí, vindo para a aventura da vida, disposto a crescer para amar e ser amado.

Esta é nossa primeira conversa. Espero não ter deixado você maluco com tantas ideias misturadas. E prometo que continuaremos falando, eu com palavras, você com essa forma misteriosa que o vai tornando meu e seu. Queria apenas dizer que o amo. Seja bem-vindo! Bem-vindo à vida!

Segunda carta

Os alicerces da casa

Querido filho ou querida filha

Você já está na oitava semana de vida e, desde a minha carta anterior, aconteceram muitas coisas importantes. As de maior interesse são no seu próprio corpo, que cresce e cresce de uma maneira muito organizada, como se todas as forças do universo estivessem lhe guiando para que cada célula saiba o que tem que fazer.

As outras coisas, que se referem a mim, você também gostará de saber, tenho certeza, por isso as contarei:

Em primeiro lugar, quero lhe dizer que fui ao médico e pude ver você por uma ecografia. Que emoção! Tive um arrepio de cima abaixo, algo como uma revolução interna, ao sentir como pulsava seu coração dentro de mim. Até o momento, você é um pouquinho cabeçudo, mas o doutor já me explicou que, com o passar dos meses, você ficará mais equilibrado. Meu Deus, que aventura linda que estamos vivendo!

> CABEÇUDO, EU?!
> É QUE NÃO ESTAVA PREPARADO PARA A PRIMEIRA FOTO!

Depois, quero lhe contar que finalmente decidi dar atenção à vovó e me matriculei em uma escola de mães e pais. Eu não sabia nem que existiam, mas ela já tinha descoberto o endereço de uma, "por via das dúvidas", de modo que fui lhe falar de meu interesse em aprender. Na tarde seguinte, estávamos lá, fazendo minha inscrição, e eu tive minha primeira aula.

Vou duas tardes por semana, com um grupo de pessoas – futuros pais e mães –, que está na mesma situação. Seu pai também vai, não quer perder todo esse mundo de novidades e reflexões que por lá se oferece.

ESCOLA DE MÃES E PAIS

Nós dois tivemos que acertar um pouco nossos horários de trabalho, mas vale a pena, claro que vale a pena.

Na primeira aula, tivemos uma sessão de trabalho com um médico, que foi nos explicando, com um vídeo muito bonito, como é o processo de crescimento que você está experimentando. Assim fiquei sabendo de dados muito curiosos como, por exemplo, a respeito de seu coração, que se tornou grande muito cedo em relação ao resto do corpo e que pulsa quase duas vezes mais depressa do que o meu. Isso me deu o que pensar, e senti que, se a natureza decide começar o crescimento pelo coração, deve ser porque é algo realmente vital, não só para bombear o sangue, como também para andar pelo mundo.

Toda a minha vida admirei as pessoas de bom coração. Agora que o seu coraçãozinho começa a pulsar assim, tão precoce e decidido, gostaria que ele o guiasse sempre, meu filho, enquanto você for criança e também quando ficar maior, para ajudar o cérebro (que também cresce, em grande velocidade!) a tomar decisões. Um bom coração é o auxiliar perfeito para entender as pessoas que temos ao redor, para nos colocarmos no lugar delas e não julgá-las. Também anda conosco pela vida nos orientando não só por ideias, teorias ou raciocínios mas, além disso, a partir do que ele, uma espécie de "albergue" de nossos sentimentos, indica-nos quando mostra caminhos, antecipa abraços ou se abre ao mistério.

Estou contente que seu coração esteja de vento em popa. Também me sinto muito orgulhosa de seu cérebro – você parece um girino. O doutor nos explicou que suas células cerebrais já começaram a se pôr em contato

> JÁ AMO E JÁ ENTENDO VOCÊ. NOTA-SE QUE MEU CORAÇÃO E MEU CÉREBRO FUNCIONAM BEM...

umas com as outras e que seu ritmo de produção é apaixonante: a cada minuto aparecem 100.000 células nervosas novas – que maravilha! – e assim será até completar a imensa quantidade delas que você terá quando nascer: nada menos que um bilhão...

Carlos (assim se chama o médico) continuou contando para nós coisas sobre você: que mede cerca de 3,5 centímetros e que pesa 13 gramas – que pequerrucho! –, mas o mais importante é que, em sua oitava semana, todos os órgãos de seu corpo já deram início a sua formação, de modo que agora só resta a eles crescer e se aperfeiçoar.

Também nos explicou que, em meu interior, criou-se uma espécie de "terminal de carga", algo como se eu tivesse um depósito onde se acumulam as substâncias que você necessita para se alimentar e, ao mesmo tempo, recolhem os dejetos que você produz. Esse lugar é a placenta, e foi tão bem-construído que funciona como um filtro que põe barreiras para que alguns produtos tóxicos que eventualmente eu possa tomar não cheguem a você, não lhe causem danos. Mas ele nos advertiu que nem sempre a placenta pode fazer esse trabalho de seleção, que há substâncias, como a nicotina do tabaco, por exemplo, que a atravessam e podem lhe prejudicar. De maneira que me alegrei muito por ter deixado de fumar. Não quero que você sofra por minha culpa.

Seu pai e eu voltamos na sessão seguinte com a esperança de continuar aprendendo. Dessa vez, quem falou foi uma pedagoga, uma mulher mais velha com jeito de bondosa, com os cabelos brancos e uns belos olhos azuis que dão a seu olhar uma transparência muito agradável. Sentou-se entre nós e se limitou a ir nos contando, devagarinho, uma história muito antiga que tentarei reproduzir.

Ela nos explicou que, quando construímos uma casa para viver ali muitos anos, o mais importante, sem dúvida, são os alicerces. Deles depende que o edifício não trema, que não surjam rachaduras, que quando houver um temporal com ventania estejamos bem seguros.

POR FAVOR, ESTOU MUITO OCUPADO

Também nos fez ver que, se nossa casa tem bons alicerces, podemos forçar algumas paredes (colocando prateleiras com muitos livros pesados, por exemplo) sem que nada aconteça, e igualmente será possível fazer mudanças (passar os móveis de uma peça para outra ou incorporar objetos que antes não tínhamos e nos desfazer de outros, mais antigos) sem que a estrutura se ressinta, sem que suas paredes reclamem.

Eu não sabia muito bem onde a boa senhora queria chegar com sua história até que, finalmente, ela nos disse:

– O primeiro ano de vida de uma criança são os alicerces da casa. Nós o chamamos de a "idade bebê". Nela se fixam de maneira permanente uma série de estímulos, sensações e percepções, que acompanharão a pessoa ao longo de toda sua vida.

Ela nos deixou de queixo caído! A comparação com a casa era perfeita. Com essa imagem ela nos fizera descobrir a importância dessa primeira etapa da vida e agora, com todos nós abobalhados, continuou falando:

– Os afetos são o cimento.

É claro que, sem um bom cimento, é impossível forjar os alicerces da casa. Então, de repente, tínhamos aí o mundo afetivo como um desafio, se quiséssemos construir bem esse edifício que se deixava a nosso encargo. Nós, as pessoas do grupo, começamos a fazer comentários, a lembrar nossas vivências infantis, e tudo foi se unindo para ressaltar o valor das relações entre mãe e filho (e também as do pai, claro).

A pedagoga – ela se chama Isabel – nos falou então da importância de dar de mamar a nossos filhos. Não era preciso que insistisse no fato de que o leite materno é o melhor e que defende os bebês das doenças (isso já sabíamos), mas nos fez pensar, sim, ao nos explicar que, no momento da amamentação, ocorre um acúmulo

ISTO É MUITO MAIS DO QUE LEITE!

de sensações corporais que vocês, os pequerruchos, percebem muito claramente: cheiros, calorzinho, abraço amoroso...

– Isso tudo é tão ou mais importante que o próprio leite. Faz parte de um ritual em que o bebê vai se sentindo seguro e amado. Essa segurança e esse efeito o acompanharão sempre.

Nota-se que Isabel teve filhos, porque nos contou de forma muito poética esse diálogo silencioso que surge quando a mãe olha nos olhos da criança enquanto ela mama e também quando o bebê para de sugar o seio e a mãe fala com ele... Isabel apresentava isso como uma espécie de "ritmo musical" de olhares e sugadas, de palavras e escutas, de cheiros compartilhados... E nos contou uma coisa muito bonita de sua própria história: falou de um momento em que ficou sem leite, e como ela descobria o seio igualmente, apoiava nele a mamadeira, e reproduzia com sua filha todo esse ritual de sensações.

Pareceu-me uma solução muito bonita, uma coisa que até os pais poderiam fazer quando são eles que dão a mamadeira, ou aquelas mães que, por sérias razões, não podem amamentar seus filhos, como seria desejável. Não há dúvida de que esse contato físico deve ser uma grande dádiva para as duas pessoas que participam dele.

Isabel fala devagar e se faz entender muito bem. Retomou a história da casa, do valor dos alicerces, e eu já estava me vendo ali, entre os operários, de capacete e macacão, criando para você algo que pudesse lhe apoiar sempre, quando a vida o golpeasse, quando as tormentas de todo o tipo explodissem ao redor. Depois, Isabel sorriu ao nos ver a todos tão emocionados, esperou sua vez (porque não parávamos de falar entre nós) e acrescentou, com calma:

– A armação de ferro dos alicerces é construída misturando dois ingredientes básicos: a segurança e o sossego.

Aí, sim, nos deixou perplexos. Não bastava o cimento. Então, lembrei da vovó Ana, daquela frase que ela me disse quando fiquei grávida de você: "Só o amor não basta". Compreendi que essa primeira parte, a dos afetos, que me parecia tão fácil, começava a se complicar. Talvez Isabel pudesse nos explicar melhor. Ela o fez:

– O bebê é um ser muito indefeso e, principalmente, muito dependente. Necessita dos cuidados da mãe e do pai para se alimentar, para sua higiene, também para fazer suas aprendizagens. Os pais são seu refúgio, seu modelo, sua referência, e, embora seja muito pequeno, ele sabe senti-los, sabe captar muito bem as emoções que eles experimentam quando estão ao seu lado.

Isabel parecia muito segura ao nos dizer essas coisas. Eu, enquanto a escutava, pensava nisso da "segurança e sossego" e sentia que ia necessitar de uma sessão inteira de trabalho para entender melhor o assunto, para comentar os detalhes. Era como um desafio. Mas começava a intuir que não se pode dar sossego se não se está sossegado, e pensava em meu emprego, eu sempre correndo de um lado para outro...

Entre nós – os futuros pais e mães – surgiram de novo os comentários, agora muito mais atropelados, se é que isso era possível, porque não conseguíamos ver com clareza como podíamos cumprir essa tarefa que nos caía em cima sem renunciar a nossos trabalhos, os quais, no final das contas, são o que nos dão de comer, nos permitem pagar a prestação do apartamento e que vão alimentar e educar você. Estávamos começando a compreender que tínhamos nos metido em uma bela encrenca e que isso de ser pais e mães não é tão simples.

NÃO SE PREOCUPE, MAMÃE. VALE A PENA!

Nossos olhos se dirigiram para Isabel com ansiedade. Queríamos receitas, fórmulas fáceis de aplicar, instruções que, principalmente, não nos obrigassem a mudar em nada nossa situação. Algo como uma "técnica de encaixe", uma maneira de incorporar os bebês em nossas vidas sem ter que alterá-la demais.

Então ela, muito esperta, nos fez a pergunta que vale um milhão:

– O que é fundamental?

Eu olhei para seu pai e comprovei que ambos tínhamos a mesma cara de despiste. Como os outros, como todos... Entretanto, Isabel voltou a nos deixar com nossas conversas cruzadas, com essa espécie de debate atropelado em que nos dizíamos uns aos outros tudo o que nos vinha à mente. Por fim, uma moça vestida de vermelho, que estava sentada no fundo da sala, levantou a mão e disse, bastante segura:

– O fundamental é o ambiente.

Isabel sorriu, e todos nós respiramos aliviados. Não eram 400 metros com obstáculos, nem havia que se fazer algo parecido com salto com vara para sermos bons pais. Bastava cuidar do ambiente, a princípio algo fácil, se você é sensível. Começamos a falar mais pausadamente e pudemos ouvir as palavras finais de Isabel.

– Realmente, o ambiente é vital. Deixemos assim por hoje, mas lembrem-se de algo muito importante: para o bebê, vocês são o primeiro ambiente.

E assim acabou a aula. Todos nós saímos com mais perguntas do que respostas, mas o diretor, que veio nos ver, disse que isso era bom, que eles não queriam dar receitas acabadas e sim ajudar as pessoas a pensar por si mesmas.

E fomos embora. Desde então, você me tem aqui, pensando nos alicerces, no sossego e na segurança... Ainda bem que faltam muitas sessões!

Ao voltar para casa, precisei me deitar um bom tempo na cama porque me ardia o estômago e, inclusive, tinha náuseas... Isso me acontece com alguma frequência. A vovó Ana diz que esses são os primeiros meses, que depois todo meu organismo se reorganizará, mas o certo é que ando bastante "remexida"; algumas comidas me causam enjoo, outras não me caem bem...

Mas não se preocupe, logo isso tudo passará. Você segue com sua tarefa de se desenvolver, meu pequeno. Essas mãos-barbatanas que pude ver na ecografia logo deverão ter uns bracinhos bonitinhos para orientá-las. Cresça bem. Que a natureza guie você. Que meu amor e o amor de seu pai o acompanhem.

Um beijo.

Mamãe (como soa bem essa palavra!).

Terceira carta

3

As crianças nascem
"sem terminar"

Meu querido menino ou menina

Já chegou ao fim o terceiro mês de gravidez e tudo continua bem nesse universo que estamos construindo juntos. Pelo visto, superamos o período mais difícil e decisivo. Dizem os especialistas que agora você já está muito agarrado à vida e que meu corpo também já aprendeu bem a segurá-lo e mantê-lo alimentado, de modo que agora nos resta apenas ver como você continua crescendo, o que não é pouco.

Desde que lhe escrevi a última carta aconteceram muitas coisas. Entre elas, suas mãos-barbatanas, tão grudadas ao tronco, já começaram a ter bracinhos que as orientem. E entre os pés e o corpo apareceram as pernas. Tudo isso e muito mais pude ver em uma nova ecografia, o que me deixou muito feliz.

Tenho me sentido melhor, já não tenho problemas com a comida, mas agora tenho muito sono. No trabalho, vou me aguentando bem, deve ser a tensão, mas, quando chego em casa, gosto muito de fazer uma pequena sesta, a qualquer hora. Outro dia, inclusive, dormi sentada à mesa enquanto jantávamos. As amigas que já tiveram filhos me dizem que isso é normal, de modo que levo a coisa com bom humor. É isso.

EU ERA ASSIM

Continuo indo à escola de mães e pais. Estou apreciando cada vez mais o que estamos aprendendo porque me permite conhecer você melhor e antecipar algumas das atitudes que serão boas para

> POR FAVOR, PARE COM ESSE TERREMOTO!

lhe ajudar a crescer feliz. Gosto muito de ir com seu pai; ele já está perdendo aquela cara de susto, está muito mais calmo e compreendeu a importância de seu papel, não só a partir do seu nascimento como também agora, ajudando-me a estar relaxada, a não ganhar peso, a rir (nós dois pensamos, que bobagem!, que, se agora eu rir bastante e ficar muito alegre, um pouco dessa alegria chegará até você e por isso você será uma criança sorridente...).

Nesse meio tempo, desde que falamos pela última vez, tivemos uma sessão de consulta muito bonita com Carlos, o médico. Ele nos explicou como você estará aproximadamente na décima primeira semana. Vimos que está crescendo muito (dizem que, neste quarto mês que começa, você aumentará entre 5 e 10 centímetros...); ele também nos mostrou uns *slides* em que vimos o saco vitelino, que até esse momento era a fábrica de suas células sanguíneas, para que soubéssemos que você já estava tão grande que havia deixado de necessitá-lo porque agora seu fígado, seu baço e sua medula óssea passaram a se encarregar dessa produção. É que você passou de embrião a feto – é outra categoria! É algo como se no exército você fosse promovido a tenente-coronel!

> DE EMBRIÃO A FETO... QUE CARREIRA A MINHA!

Enquanto Carlos ia falando, eu escutava atenta, tratando de não perder nada, quando, de repente, um dos pais do grupo fez uma reflexão em voz alta:

– Estive pensando nessa imagem que vimos no mês passado: as mãos do embrião tomando forma, praticamente unidas ao tronco, e sobre uma coisa que você nos explicou: que elas se desenvolvem muito mais rápido que os pés.
– É verdade – disse o doutor.
– Será isso um anúncio do modo como o bebê vai se desenvolver mais tarde? Ele não começa tocando as coisas, agarrando-as, apalpando-as, muito antes de começar a andar?

Carlos sorriu satisfeito. Havia aparecido um aluno adiantado. Decidiu que a aula podia continuar por aí e nos contou que, realmente, a importância das mãos no desenvolvimento do bebê recém-nascido é importantíssima. Isso serviu como trampolim para uma bela história sobre o processo que a espécie humana seguiu em sua evolução, durante o qual o momento em que nossos congêneres souberam usar "o polegar opositor" (quer dizer, o polegar se junta com o indicador e forma uma pinça) foi um marco importantíssimo para o desenvolvimento da inteligência.

As mãos tão ligadas à mente e eu sem saber! Carlos foi nos explicando como, por volta dos seis meses de vida, você estará pegando e manipulando tudo o que chegar ao seu alcance, e suas mãos serão um instrumento de exploração privilegiado. Acho que vou ter que me controlar para deixar você tocar tudo o que for possível, pois gosto dessa ideia de que você seja um explorador e, embora ainda não possa usar um daqueles chapéus de safári, pode estar certo de que vou me divertir muito vendo como seus pequenos dedinhos lhe servirão para ir conhecendo o mundo.

> O POLEGAR É PARA CHUPAR... ISSO SIM!

Também quero lhe contar que, entre as aulas que tivemos com a pedagoga, houve uma em especial que me causou impacto. Isabel fala sempre com frases curtas, então você imagina meu espanto quando lhe digo como ela começou assim a última sessão:

– As crianças nascem "sem terminar'.

Desconcerto geral, olhares atônitos de uns para outros... Silêncio. Veja só, depois de passar nove meses vivendo como um rei dentro de mim, você vai nascer inacabado, como se se tratasse de uma obra de arte pela metade... Mas que confusão!

TALVEZ FOSSE MELHOR NÃO CORTÁ-LO...

Isabel sempre age assim, começo a conhecê-la. Primeiro nos surpreende e depois faz com que a gente trate de explicar as coisas uns aos outros.

Também é muito ilustrativa em suas explicações, e eu gosto disso, porque assim me ficam gravadas as imagens que lembro mais facilmente. Por exemplo, a do frango:

– Pensem num pintinho. Poucas horas depois de nascer, está correndo. Ou um filhote de macaco. Logo se abraça na sua mãe... Sua autonomia motora é invejável.

– Pensem agora em uma criança recém-nascida. É indefesa, frágil, não pode fazer nada sozinha, não se alimenta nem se desloca para procurar comida. É um ser absolutamente dependente que vai precisar de todo o primeiro ano de vida para completar sua organização física e mental e para construir seus mecanismos de adaptação.

– Em sua autonomia, a criança só é comparável aos recém-nascidos dos animais superiores quando chega a um ano de idade, aproximadamente.

Eu agora começava a compreender algo que sua vovó Ana sempre me contava: durante o primeiro ano de vida, ela sentia que continuava "me dando à luz" a cada instante – quando me dava banho, quando me amamentava... Também nesses momentos preciosos em que me ajudava a ficar de pé e ir explorando a postura vertical, tão própria dos seres humanos.

De modo que a coisa continua, não acaba quando o bebê nasce. Essa foi uma boa notícia para seu pai, que logo compreendeu que, nessa segunda chegada à vida, ele poderia tomar parte muito mais ativamente. Ele escutava com muita atenção, a meu lado, enquanto Isabel nos soltava outra das suas:

– A infância dos humanos é muito mais longa em relação à dos animais. Sabem por quê?

Silêncio de novo. Essa mulher não parava de nos surpreender. Nós sempre esperando receitas fáceis de aplicar e ela empenhada em construir enigmas.

GOSTARIA DE SER UM PINTINHO, PARA IR BRINCAR DE UMA VEZ...

Um futuro papai que usava óculos, sentado ao meu lado, aventurou-se a dizer algo em voz alta:

– Deve ter algo a ver com a inteligência.

Isabel sorriu e, confirmando, disse:

– Realmente, há um grande paralelo entre o prolongamento do período de aprendizagem do bebê e da criança e a enorme complexidade do cérebro humano. Muitos dos processos que os animais vivem no útero a criança experimenta quando já vive fora da mãe, porque, atenção: o bebê só se torna humano em um ambiente humano. Se deixássemos um recém-nascido para que fosse criado em um meio animal, ele nunca chegaria às grandes realizações de nossa espécie: caminhar sobre duas pernas (a verticalidade) e a linguagem. Continuaria andando de quatro e, no máximo, emitiria uns sons guturais.

Para que pudéssemos entender tudo isso, Isabel nos contou a história das "crianças-lobo", de que tanto se ouviu falar. Ela nos disse que na Índia, por razões religiosas, os lobos não são perseguidos e que também, às vezes, eles "roubam" humanos recém-nascidos. Algumas dessas crianças roubadas pelos lobos, pelo visto, não são devoradas. Pelo contrário, são alimentadas pelos animais, em cujo ambiente vão se desenvolvendo.

AMO A CHAPEUZINHO VERMELHO...

Isabel disse que certos missionários e exploradores tiveram a oportunidade de recuperar algumas dessas crianças-lobo, e seus relatos sobre o modo como elas haviam se desenvolvido são muito interessantes: as crianças-lobo eram rigorosamente quadrúpedes; ignoravam a linguagem humana e só emitiam uivos de lobo; alimentavam-se exatamente como os animais com os quais tinham vivido e só empregavam as extremidades anteriores como "patas".

Parece que, em certos casos, se tentou educar essas crianças quando foram incorporadas à nossa sociedade, e se pôde comprovar que a idade que elas tinham no momento era um fator decisivo: se fossem crianças muito pequenas, os resultados do processo de "humanização" seriam mais satisfatórios e elas alcançariam relativamente logo a postura ereta e o andar sobre dois pés, ao mesmo tempo em que aprenderiam a linguagem. Mas, em outros casos, se viu que, quando já tinham mais de 6 anos, as possibilidades de que incorporassem a linguagem humana eram muito mais escassas e a aprendizagem dos rituais, costumes alimentícios e sociais da espécie humana era especialmente difícil, às vezes impossível.

> MAMÃE ESTÁ TÃO ESQUISITA. PRIMEIRO ME ESCREVE E DEPOIS DECIDE QUE VAI FALAR COMIGO...

A história das crianças-lobo me emocionou e me fez ver a importância dos estímulos e as influências do meio ambiente em que você vai viver seus primeiros anos. Decidi que vou falar muito com você desde o momento em que chegar ao mundo, e vou fazer isso devagarinho, carinhosamente, para que, escutando-me, você possa aprender essa coisa tão bela que é a palavra, sem a qual não seríamos o que somos. Seu pai também ficou impressionado. Ele quer ensinar você a cantar... Disse que Isabel se esqueceu de explicar que algo que também diferencia os humanos dos animais é a música, uma de nossas grandes criações... (já sabemos que ele é louco por música, então, se prepare, meu filho, para ouvir Vivaldi e Mozart...).

Isabel se deu conta de que, com suas explicações, havia nos deixado um tanto acabrunhados. Agora recaía sobre nós nada menos que a responsabilidade de que você chegasse a ser plenamente humano. A tarefa nos parecia imensa (embora eu pensasse que, de modo intuitivo, milhões de pais e mães a tinham desempenhado ao longo dos séculos); então, ela, para tentar nos descontrair, disse outra das suas:

> VOU BEM-EQUIPADO

– Nascem rápido demais, mas vêm muito bem-equipados.

E nos explicou, agora em um tom que dava mais esperanças, que todos os bebês chegam ao mundo providos de um complexo mecanismo sensorial e motor que funciona com perfeição. Assim, ela nos fez ver que a coisa é bastante simples: o que é preciso é uma boa referência para os bebês irem situando as impressões que chegam tanto do próprio corpo deles quanto do mundo exterior. E esse ambiente, esse ponto de apoio, é o que temos que proporcionar para nossos filhos.

– Nunca mais uma pessoa aprenderá tantas coisas como no primeiro ano de vida. Nunca organizará tanta informação útil.

Bendito esse primeiro ano e bendita Isabel por nos ensinar a valorizá-lo. Você chega "sem estar terminado", mas não se preocupe, pois estaremos ao seu lado para o ajudar, para lhes ensinar a caminhar, a falar... e, principalmente, para lhe ensinar a amar, coisa que, imagino, se aprende quando a gente é querido, pois há outra maneira.

CUIDADO COM O REUMATISMO...

Eu quis lhe contar toda essa história de Isabel porque ela me impressionou muito. Essa aula foi a mais importante que tivemos ao longo de todo o mês. Desde então, de vez em quando me vem à mente a frase com que ela se despediu de nós:

– Não há desenvolvimento humano sem contato com a humanidade.

E lembro que, depois de ouvi-la, me pareceu que seu nascimento ia ser algo como se nos entregassem uma plantinha que pode se tornar uma bela árvore, autônoma e duradoura, se soubermos regá-la e adubá-la em seus primeiros anos de vida. Não deixo de me ver assim, como uma jardineira; embora a imagem seja simples, para mim serve para entender que, tal como as plantas delicadas e sensíveis, você vai precisar de sombra, amor e água. Tenho confiança de que saberei dá-las a você.

Envio-lhe um beijo.

Mamãe.

Quarta carta

4

Nossa pátria é a infância

Meu querido personagem

Estou chegando ao quarto mês de vida com você e a cada dia me sinto melhor e mais feliz. Meu corpo começou a mudar (para melhor; agora já não preciso explicar que estou grávida, basta que me vejam...), os enjoos desapareceram e você não para de crescer. Disseram-me que deve andar aí pelos 15 centímetros. Puxa vida, está um bebezão!

SE EU CONTINUAR CRESCENDO, ESTA CASINHA TÃO CÔMODA VAI FICAR PEQUENA...

Sua vovó Ana e seu pai cuidam muito de nós, sempre preocupados com que estejamos tranquilos e que o ambiente nos seja favorável. Você sabe, seu pai gosta muito de música e ouviu, não sei onde, que depois do quinto mês você já começará a reagir aos sons, de modo que está adorando: pensa que essas músicas que costumamos ouvir vão influir de forma favorável em seu desenvolvimento. Eu penso que, a partir de agora, ele sentirá que, ao escolher um disco harmonioso para você, estará participando da gravidez pelo lado de fora e essa vai ser uma experiência muito boa para ele, a quem a Natureza deu um papel tão diferente do meu, por enquanto.

MAIS BAIXO, POR FAVOR!

KETCHUP, POR FAVOR!

Ana, sua avó, colabora comigo nas compras e me orienta muito bem sobre o que devo comer nesse período. Ainda bem que ela não tem a teoria de que "tem que comer por dois", como ouvi de outras avós, porque eu sou bastante frugal e isso ia acabar comigo. Ela me ajuda a selecionar boas verduras, traz peixe fresco, carnes deliciosas... Ela tem muito bom senso, diz que "é preciso comer de tudo um pouco". Suprimimos apenas comidas picantes e gordurosas, para que o fígado não trabalhe demais, e a carne malpassada, por medo da toxoplasmose.

Continuo indo ao meu trabalho e, para ser sincera, nem me canso mais nem tenho dificuldades para fazê-lo. Leio muitos livros e revistas que falavam de vocês, os bebês, e em todos descubro alguma coisa interessante que me ajuda a pensar. Também comecei a comprar suas roupinhas que, minúsculas, me fazem sonhar e que, ao mesmo tempo, me ajudam a imaginar você fisicamente e me dão a medida do quanto você vai ser pequeno ao nascer (espero que não deslize por entre minhas mãos, ao vesti-lo...).

Nossa escola de pais e mães continua. Não faltamos a nenhum dia porque, na verdade, tudo o que se aprende nela é muito útil e interessante. Além do médico e da pedagoga, temos um novo professor; seu nome é Francisco e ele é psicoterapeuta. Pelo visto, tratou de muita gente ao longo de 25 anos e tem uma grande experiência sobre o que é a infância, de modo que, quando fala, todos pensamos que não se baseia apenas em teorias mas em ideias muito testadas, e isso nos faz escutá-lo com mais atenção. Depois, contarei a você mais coisas sobre ele.

Nas conversas com Carlos, o médico, continuei aprendendo sobre o seu desenvolvimento. Ele nos mostrou *slides* e vídeos em que pudemos ver sua evolução desde a 11ª à 15ª semana. Foi fantástico! Assim, pude comprovar que agora você é ainda um perfeito girino, com uma cabeçona que mede um terço de seu tamanho total. Também vi que começaram a aparecer em seu rosto os traços humanos. Carlos nos explicou isso com a história das "cinco penínsulas", que é muito bonita e se compreende facilmente:

Você é um belo território em que crescem cinco penínsulas, que vão emergindo e se juntando pouco a pouco sob a pele. A primeira delas desce por entre os olhos e termina em uma

NA VERDADE, EU TENHO OUTRA PENÍNSULA... MAS CARLOS DEVE SER MEIO TÍMIDO

EU PRECISO DE UM ESPELHO!

"baía" de cada lado. É a formação do nariz, e as baías serão as fossas nasais. Depois, podemos encontrar duas penínsulas em seu pequeno rosto, que aparecem sob os olhos e que vão formar as faces e o lábio superior. Finalmente, as duas últimas penínsulas estão abaixo da boca e darão lugar ao lábio inferior e ao queixo. É assim que vai se modelando o seu rosto, esse rostinho que certamente será tão parecido com o nosso e, ao mesmo tempo, único, irrepetível.

Também pude ver nos vídeos de Carlos que seus bracinhos cresceram muito e que você já pode tocar as mãos uma na outra. E que gira a cabeça, o que significa que está se parecendo cada vez mais com o bebê que um dia teremos entre nós.

Quanto ao resto das aulas, dessa vez não vou falar de Isabel, mas do novo professor, Francisco, e da sessão de trabalho em que nos falou sobre "o valor da infância".

Francisco é de meia-idade, tem um rosto bondoso e o seu olhar parece resumir o longo esforço de compreensão que ele deve ter feito nos últimos anos para entrar na alma de tantas pessoas que sofrem e poder ajudá-las. Fala devagar, e me agradou muito sua forma de começar, com um pequeno verso de Rilke, o poeta:

"A verdadeira pátria do ser humano é a sua infância".

Esse verso nos mostra o valor desse tempo que você vai viver, de alguns meses e dos primeiros anos que jamais se repetirão, com os desenvolvimentos e as aprendizagens mais importantes de toda a sua vida.

Francisco nos explicou que, da qualidade da infância de uma pessoa, depende, em grande parte, sua felicidade ao longo de toda a vida. E insistiu mais de uma vez que esses primeiros anos nunca serão levados suficientemente a sério, um tempo durante o qual às vezes pensamos que "não acontece nada", mas a verdade é que, na cabecinha de vocês, nos seus sentimentos e no seu coração, estão acontecendo as coisas mais importantes de toda a sua história.

> EU NUNCA TIVE DÚVIDAS SOBRE A IMPORTÂNCIA DA INFÂNCIA

Ouvi suas ideias ensimesmada, principalmente quando nos explicou que, durante o primeiro ano de vida, você já saberá reconhecer perfeitamente se é amado. E que justamente a percepção que vai tendo de ser "querido" influenciará muito a ideia que, pouco a pouco, você vai fazendo de si mesmo como um ser "querível" (ou seja, que tem valor para os que o rodeiam). Francisco nos disse que de algo assim, aparentemente tão simples, depende, em grande parte, a atitude que na adolescência e na idade adulta manifestam muitos seres humanos ao se considerarem a si mesmos valiosos ou não-valiosos (a isso chamam "a autoestima").

> ESPONJA É VOCÊ!

Eu nunca havia pensado que você seria tão receptivo, de modo que, agora, algumas vezes imagino você como uma esponja, como um bebê-esponja, cheio de pequenos buraquinhos pelos quais vão se infiltrando – como a água – o afeto e os estímulos gratificantes que nós possamos lhe dar. Ah! que bonito será poder amar você! Mais ainda sabendo que, ao fazê-lo, não só estarei dando calor e segurança a um nenezinho como também à pessoa que depois crescerá e irá à escola, que logo trabalhará, formará uma família... Saber que esse primeiro carinho estará sempre com você me faz muito feliz, porque estou disposta a dá-lo com fartura.

Mais tarde, Francisco nos falou da *incondicionalidade*. Uma ideia que eu já havia pensado intuitivamente, mas que ele nos ampliou com sua experiência. Amar você de forma incondicional significa fazê-lo sentir que, faça o que fizer, aconteça o que acontecer, o carinho de seu pai e o meu não vão lhe faltar. Francisco diz que isso é importantíssimo porque, quando somos crianças,

> REALMENTE, SOU UM BOM INVESTIMENTO. VOCÊ É COMO UM COFRINHO

necessitamos ter essa referência de alguém cujo apoio não nos faltará nunca.

Ele também insistiu que o tempo que passaremos com você jamais será tempo perdido, que será como um "investimento em bônus do tesouro", e que esse tesouro é o seu futuro. Eu acredito em Francisco, porque ele parece um bom conhecedor da alma humana, e quando diz que a infância é tão importante é porque certamente se deparou com muita gente grande que sofre por problemas que têm sua origem nesses primeiros anos de vida.

Aprendi uma coisa que não sabia (pelo menos ninguém havia me falado disso até agora): os bebês não distinguem direito entre eles mesmos e aqueles que os rodeiam, e isso significa que, durante bastante tempo, você se sentirá "diluído" em seu ambiente, misturado com ele, sem adquirir plena consciência de sua individualidade. Dizem que até boa parte de seu terceiro ano você não saberá se diferenciar claramente. Isso significa que toda a sua primeira infância será um processo de "busca do eu", de diferenciação... (Acho que terei que lembrar dessas coisas quando quiser ajudá-lo, embora, agora, não saiba muito bem de que maneira poderei usar essas ideias. Elas me ultrapassam.)

ALGUMAS VEZES É MELHOR NÃO IMITÁ-LOS

Francisco também nos falou da imitação e de como, imitando os mais velhos, você vai aprendendo a desenvolver todas essas faculdades que o farão humano: andar, falar, rir... Isso me ajudou a compreender o quanto é importante que seu pai e eu passemos muito tempo com você, caso queiramos que seja verdadeiramente não só nosso filho ou filha biológico como também nosso "aprendiz" de condutas, valores, maneiras de andar pelo mundo (sua vovó Ana diz que temos de deixar um bom espaço para ela, pois também tem muito a ensinar a você, inclusive a dançar, porque ela sempre foi uma boa bailarina e não perdeu o jeito com os anos...).

Aqui estamos, seu pai e eu, com a sensação de que a sua presença é um presente que a vida nos oferece e que nós temos que saber cuidá-lo desde pequeno para que, quando for mais velho, seja uma pessoa calma e segura, com capacidade para amar os outros, e com uma "pátria", como dizia o poeta, que não lhe falhe nunca, embora ao seu redor haja conflitos, maus momentos ou dificuldades.

> NUNCA HAVIA ME IMAGINADO COMO UM PRESENTE

Gostei muito dessa ideia da infância como "pátria". Eu nunca acreditei muito nisso das fronteiras e das bandeiras, de modo que essa nova concepção me pareceu muito mais próxima e verossímil. Então, comecei a me lembrar de meus primeiros tempos de menina, brincando na rua, correndo, explorando o mundo com muita liberdade, e entendi que agora sabia – nunca é tarde – que tenho neles hasteadas todas as bandeiras possíveis, com todos os hinos, todas as vitórias, que são as bandeiras do amor, do respeito e da tolerância que aprendi com os avós e com todo o ambiente que os rodeava (contei para Ana e ela ficou muito contente...).

Ao final da aula, um dos futuros pais pediu para ler um poema de Khalil Gibran, um poeta libanês que há mais de 100 anos escreveu coi-

> ESTA É NOSSA PÁTRIA

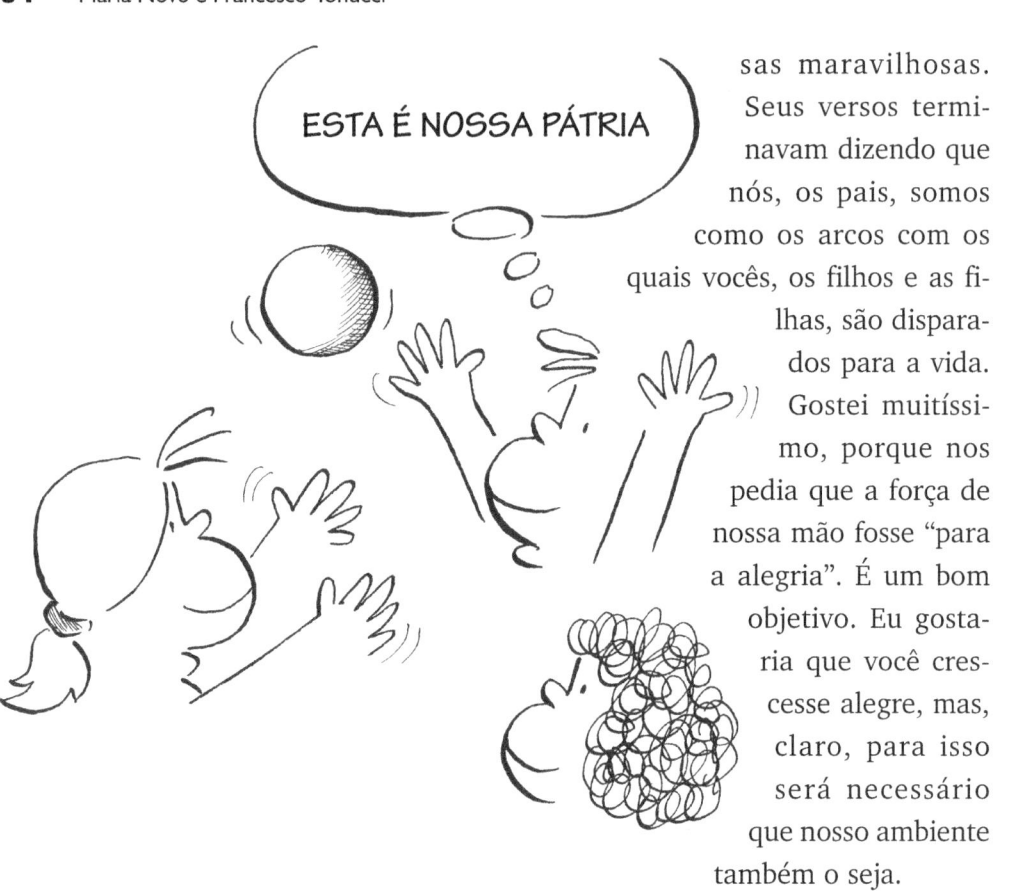

sas maravilhosas. Seus versos terminavam dizendo que nós, os pais, somos como os arcos com os quais vocês, os filhos e as filhas, são disparados para a vida. Gostei muitíssimo, porque nos pedia que a força de nossa mão fosse "para a alegria". É um bom objetivo. Eu gostaria que você crescesse alegre, mas, claro, para isso será necessário que nosso ambiente também o seja.

Francisco aplaudiu, juntamente com os alunos, quando nosso amigo terminou de ler o poema. Tínhamos ficado muito impressionados. Então, ele, que como psicoterapeuta deve usar muito a poesia, voltou a Rilke e nos presenteou com um último verso:

"Tudo o que é alegre está completo".

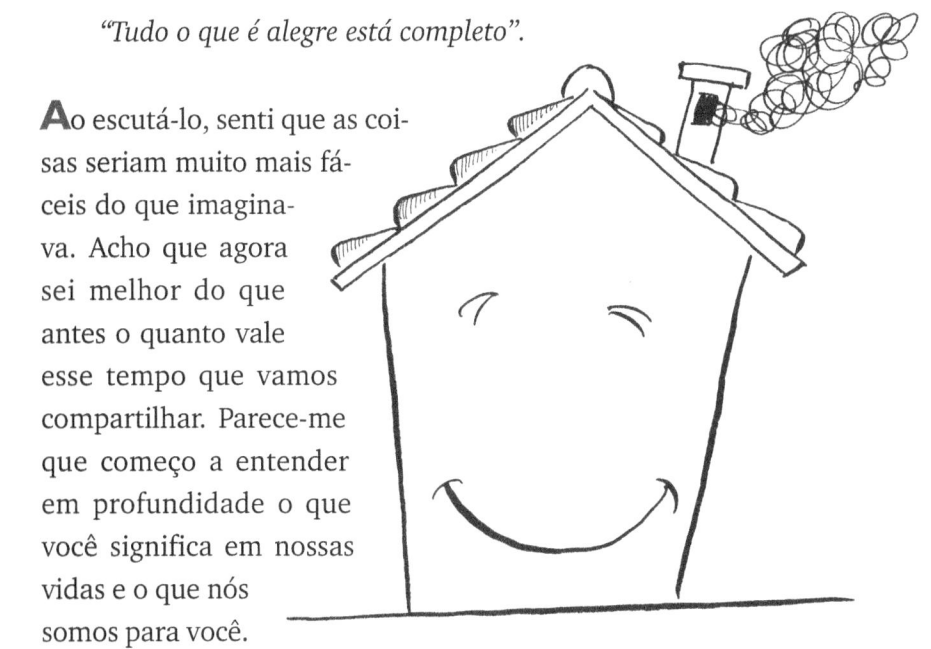

Ao escutá-lo, senti que as coisas seriam muito mais fáceis do que imaginava. Acho que agora sei melhor do que antes o quanto vale esse tempo que vamos compartilhar. Parece-me que começo a entender em profundidade o que você significa em nossas vidas e o que nós somos para você. E estou disposta a lhe dar muitos "bônus do tesouro", desses que não se valorizam na bolsa, mas são os mais importantes para se andar pela vida.

De modo que hoje durmo tranquila e feliz. E você continua crescendo. Faça-o sob abrigo de todo este carinho que já é seu para sempre.

Mamãe.

Quinta carta

5

Criar vínculos

Queridíssima criança

Até agora, ainda não sabia como lhe chamar. Não podia adivinhar se ia ter um filho ou uma filha. Mas ao longo desses dias houve novidades: o médico me disse, depois de uma ecografia, que você era um menino. De maneira que, assim que soubemos, seu pai e eu nos ocupamos em procurar um nome e logo o encontramos. Nós o chamaremos João, como o seu avô que já se foi, em homenagem a tudo o que ele significou em nossas vidas, pois sabemos o quanto teria se divertido com você, se ainda estivesse entre nós.

JÁ ME FICHARAM...

JOÃO

JÁ VIRAM MEU PINTO!

Nós estamos no "equador" de nossa história, passando da primeira para a segunda metade, e meu corpo já mostra isso bastante bem. Você cresceu muito, vai ocupando cada vez mais espaço e até já comecei a sentir como você se mexe, com uma espécie de batidinhas suaves que para mim se assemelham ao som da chuva, quando ela cai sobre as vidraças.

Está ocorrendo também uma coisa muito curiosa: vejo bebês por toda parte. Antes nem prestava atenção, mas, agora, quando saio à rua, não paro de encontrar carrinhos com crianças sentadinhas, observando tudo... Quando cruzo com elas, não posso evitar olhar, e imagino como você será quando tiver essa idade, se será loiro e bonitão, como um menino que vi ontem, ou se chupará o dedo como a neta de minha vizinha.

Na escola, passamos a fazer uma aula de ginástica especial, para fortalecer e treinar os músculos que sustentam você e que terei de usar no parto. Também estamos tendo aulas para aprender a relaxar. Nossa professora diz que saber permanecer descontraída é essencial para ajudar no momento em que você vai chegar ao mundo. Seu pai tem ido comigo às aulas de relaxamento e isso me parece muito bom. Ele quer saber de que forma poderá colaborar quando eu sentir as contrações, e fico mais tranquila ao pensar que, se eu esquecer de alguma coisa, ele me ajudará a lembrar.

Tivemos, como sempre, uma aula com Carlos, o médico, para observar como você cresce. Ele nos mostrou uns vídeos maravilhosos nos quais pude ver você e observar seus progressos. Já está muito maior e mais "parecido" com essa imagem final de bebê que todos temos em mente. Carlos nos explicou que agora você começa a perceber os diferentes sons, tanto os que lhe chegam de meu corpo quanto os que vêm do exterior.

Seu pai adorou a notícia. Às vezes, se senta comigo e fala com você, pois diz que, se você aos poucos se acostumar com nossas vozes, reconhecerá melhor seus pais quando nascer. E sobre a música – o que você quer que eu diga? Ele passa os dias entre Vivaldi e as melodias *new age*, sempre em busca de algo harmonioso e relaxante que possa lhe transmitir calma. Espero que você o sinta pouco a pouco, meu futuro menino fã de música!

A sessão de trabalho com Isabel, a pedagoga, dessa vez foi especialmente bonita. Foi dedicada à segurança e ao sossego (um assunto que havia

TAMBÉM O PAI PARTICIPA

ficado pendente há algum tempo) e também de seus contrários: a insegurança e a angústia. Para mim foi muito instrutiva, pois eu, antes de vir à escola, tinha a ideia de que, nos primeiros meses, não aconteciam coisas importantes em sua cabeçinha e em seu coração (que eu podia "levar e trazer" você sem que se desse conta de nada...), mas aqui se encarregaram de nos demonstrar como, desde o primeiro dia, você já está recebendo estímulos que o ajudarão – ou não – a ser uma pessoa segura e equilibrada no futuro.

Dessa vez, Isabel nos explicou que, durante os três primeiros meses fora da barriga, você ainda estará se adaptando ao meio externo, uma tarefa importantíssima que, espantosamente, você vai realizar em um tempo muito curto e quase sem protestar: passar de um ambiente líquido e quentinho como o útero para viver em um meio tão diferente.

Nesses primeiros tempos de adaptação, diz Isabel, é importante manter um ambiente o mais semelhante possível ao que você tem agora dentro de mim: pouca luz, poucos ruídos, alimento fácil e seguro... Também nos explicou que você será um ser especialmente emotivo, com um psiquismo muito sensível, dominado totalmente pelo "momento presente", o que fará com que sinta suas necessidades como algo que deve ser resolvido de imediato.

Ela nos deu uma espécie de receita:

– Nos primeiros meses, não tenham medo de mimar os filhos. Reajam quando eles precisam. Isso produzirá uma grande confiança e segurança que, depois, os ajudará a se tornarem, conforme crescem, crianças autônomas e seguras de si mesmas.

Isabel diz que, nessa primeira etapa, devemos esquecer de pensar em "educá-lo", e que nos limitemos a amá-lo e a ajudá-lo, porque você está fazendo um grande trabalho. Minha colega de classe não parecia estar de acordo e respondeu que, desde o primeiro dia, ela queria treinar seu filho a "entender que seus pais também tinham necessidades, não apenas ele". Isabel sorriu, compreensiva, e lhe explicou que, por enquanto, os pequenos Joãozinhos e Joaninhas que acabaram de chegar ao mundo não fazem distinção entre o próprio eu e os demais, e não podem "raciocinar" como nós o fazemos:

TUDO, AGORA E RÁPIDO!

– As crianças não são adultos pequenos. Em suas mentes de bebê, há uma fusão completa do interior e do exterior, de seu eu e do ambiente. Por ora, para seu filho, você fará parte desse ambiente e ele não poderá entender seus raciocínios complexos. Limite-se a amá-lo. Logo chegará o momento de fazer mais alguma coisa.

Tendo dito isso à minha amiga, Isabel depois continuou:

CALMA... PODEM ME MIMAR SEM PROBLEMAS

– São muito importantes as trocas que vocês fazem com seus filhos (de olhares, de carícias, de cheiros, de temperatura corporal ao tomá-los nos braços...), especialmente quando acompanham o momento da alimentação. Já expliquei a vocês que amamentar é muito mais que alimentar o bebê: é estabelecer com ele um contato físico que o enche de bem-estar.

Seu pai perguntou qual era o papel dele nisso tudo, visto que não podia amamentar. Isabel sugeriu que ele desse banho em você, que contribuísse na troca de fraldas e que sempre lhe falasse muito, se colocando junto de seu corpo. Ela diz que você nunca vai esquecer o cheiro dele, nem da voz nem dos gestos, e que essas sensações serão parte do modo como você perceberá o mundo, como algo envolvente e seguro.

Para ilustrar todas essa ideias, lá pela metade da aula Isabel interrompeu a conversa e nos propôs ler um trechinho de uma história. Chama-se *O Pequeno Príncipe*. Eu lembrava que me diverti muito com esse livro quando era adolescente (pois é uma história para todas as idades), mas agora me pareceu que entendi pela primeira vez o sentido profundo de suas palavras. Vou lhe contar o que mais me impressionou.

Foi um diálogo em que o Pequeno Príncipe fala com uma raposa que encontra em seu caminho, sobre o que significa "criar vínculos". A raposa lhe diz que, se isso chega a acontecer, se se cria uma ligação profunda entre eles...

– Então teremos necessidade um do outro. Você será para mim único no mundo, e eu serei para você único no mundo...

Depois disso, eles continuam falando e a raposa lhe explica o que ele tem que fazer:

– *Deve ter muita paciência... No começo.... eu olharei para ti... e tu não dirás nada... Mas a cada dia poderás te sentar um pouco mais perto...*

O Pequeno Príncipe volta no dia seguinte. Então, a raposa lhe diz:

– *Seria melhor que viesse sempre à mesma hora. Se vens, por exemplo, às quatro da tarde, desde as três eu começaria a ser feliz... Mas, se vens a qualquer hora, nunca saberei quando preparar meu coração... Os rituais são necessários.*

A história segue e é muito longa... Mas, quando chegamos a esse ponto, Isabel se deteve e introduziu uma de suas dificílimas interrogações, assim, como quem não quer nada:

– Sabem como vai se organizando a mente de uma criança?

Puxa, que pergunta! Eu a achei muito complicada e ninguém se atreveu a respondê-la, de modo que Isabel continuou falando (e só então entendi o pedido que a raposa fazia ao Pequeno Príncipe):

– Um elemento fundamental, no começo da organização, são as repetições, as rotinas. A criança vai experimentando situações sempre iguais, que respondem habitualmente a suas necessidades essenciais (em especial à de alimento), assim como também às outras situações que criamos, acostumando-a a fazer algo em um determinado momento, como, por exemplo, o banho diário na mesma hora.

POSSO ESPERAR SEM CHORAR, PORQUE MAMÃE VAI VIR, COM CERTEZA

Isabel diz que se, periodicamente, quando você sentir fome e eu lhe der de comer, esse ritmo de sensações agradáveis repetidas terá muita importância; com ele você estará começando a estabelecer uma primeira associação entre suas necessidades e o sentimento de confiança que se produz quando estas são satisfeitas.

Mas Isabel insistiu muito que essas experiências não são aquelas apenas de sua boca ou do aparelho digestivo, mas também os contatos com o outro corpo que o alimenta, que o banha, que o acolhe; que elas também são o calorzinho da água e os sons que acompanham esses preparativos, inclusive os cheiros... Diz que tudo isso configura um cenário no qual você se sentirá seguro; que seu "lar" será, nessa etapa, esse pequeno microcosmo de sensações prazerosas.

– E o sentimento de segurança que dessa maneira envolve o bebê é uma das aquisições essenciais e fundamentais de seu primeiro ano de vida.

Isabel fala assim, parece ter as coisas muito claras. Depois, dedicou um longo tempo a nos explicar o que acontece quando não se proporciona esse clima ao recém-nascido, quando suas necessidades não encontram resposta ou não ocorre esse ritmo de "repetições" que, pelo visto, tanto agrada aos pequenos. Ela diz que, nesse caso, você viveria uma experiência negativa de necessidade não-satisfeita; e que é assim que aparecem as primeiras vivências de tristeza e desgosto, das quais, segundo a pedagoga, se derivam dois grandes tipos de emoções: o medo e a ansiedade por um lado e, por outro, a raiva e a agressividade.

Eu não conhecia a palavra "ansiógeno", mas a aprendi essa tarde. Isabel nos disse que ansiógeno é tudo o que poderia lhe causar ansiedade, por exemplo, deixar você tempo demais nas mãos de pessoas ou em ambientes estranhos, que não possa reconhecer. Insistiu

SÓ A FOTO NÃO BASTA!

MAMÃE

muito em que o desconhecido e o familiar, ou o fato de quebrar as rotinas estabelecidas no seu cuidado, são coisas nada boas para seu sossego e que é melhor deixá-las para mais adiante.

Ou seja, você chega ao mundo como um animal de costumes rotineiros... Vamos ver o que faremos para responder a suas necessidades nesses primeiros tempos e ir lhe ensinando, pouco a pouco, a "perder o pé" e resistir ao negativo, que essas também são qualidades necessárias para andar pela vida.

Parece que Isabel adivinhava meus pensamentos, porque rapidamente tratou de dizer:

> NÃO TENHA PRESSA EM ME FAZER APRENDER O "NÃO"

– Estamos falando sobre como começar. Isso não significa que as coisas tenham de ser sempre assim. À medida que for crescendo, a criança deve desenvolver também uma boa tolerância à frustração. É necessário acostumá-la ao "não" (e vocês, a dizer "não" adequadamente). Educar é conciliar amor e autoridade. Ambas as coisas são necessárias. Mas falaremos disso tudo outro dia.

Assim foi acabando a aula, e eu fiquei pensando que, realmente, deve ser muito importante construir nos primeiros tempos essa segurança e essa confiança que serão imprescindíveis para você. Não sabia que teriam tanta repercussão nos passos seguintes de sua história pessoal, inclusive para que, quando você for um menino maior, possa criar vínculos satisfatórios com as pessoas que o rodearem. Que valioso esse seu primeiro ano! Isabel o definiu como um "período crítico" em sua vida.

Tudo isso me fez pensar muito em meu trabalho e na creche. Não sei ainda por quanto tempo vou poder ficar com você ininterruptamente. Minha licença dura somente quatro meses e, agora, começo a achar que seria sensacional que pudéssemos continuar juntos por mais tempo. Terei que falar sobre isso com seu pai e pensar com mais calma.

Também fiquei desejando retomar as aulas, para que Isabel ou quem quer que seja nos fale do amor e da autoridade. Acho que esse assunto merece mais tempo, por isso o deixaram para mais tarde.

Que bonito tudo isso, João! Nós três teremos que aprender a criar os vínculos que nos unirão por toda a vida (e também sua vovó, se não, ela morre de tristeza...).

Um abraço grande, muito grande.

Mamãe.

Sexta carta

6

A criança, um explorador

Meu querido João

Você está em seu sexto mês de vida e continua crescendo, bem protegido, nesse pequeno "paraíso" que meu corpo é para você. Eu o sinto se mexendo cada vez mais. Outro dia, tive sensações muito curiosas, como se você estivesse se virando. Falei com o médico e ele me disse que é possível, que você está em um momento em que já é capaz de fazê-lo, e seu tamanho ainda não é tão grande para que fique "entalado".

> SE NÃO ME MEXO UM POUCO, TENHO CÃIBRAS

TUMP
TUMP

> SINTO COMO SE ME ESPIONASSEM...

Pelos vídeos que Carlos nos mostrou, pudemos deduzir que suas mãos já devem estar muito bem-formadas, como uma pequena obra de arte. Em uma das cenas, o "protagonista" levava o dedo à boca, parece que antecipando o ato de sugar, que as crianças necessitam trazer bastante "dominado" no momento de chegar ao mundo, para poder se alimentar (quer dizer que você anda aprendendo coisas aí dentro e eu nem suspeitava...).

Disseram para nós que agora você pesa aproximadamente meio quilo. Achei muito pouco; no entanto, o doutor disse que, em caso de seu nascimento ser antecipado por algum acidente, você já teria chances de sobreviver e continuar se desenvolvendo até alcançar o peso e a estatura normais para um recém-nascido. Isso me faz pensar no quanto seu pequeno corpinho trabalhou e na tarefa tão organizada que fizeram suas células, para irem se diferenciando, para se responsabilizarem por sua respiração, pela circulação do sangue e por tantas coisas mais.

Isso tudo é um mistério maravilhoso, o mais maravilhoso de todos que conheci até agora.

Continuo falando muito com você, sempre devagar, convencida de que, de algum modo que ignoro, minhas palavras e o tom de minha voz lhe farão companhia. Também continuo com a ginástica, embora seja cada vez mais trabalhoso me mexer. Mas o importante é que vou aprendendo a relaxar, cada dia mais e melhor, e isso será, sem dúvida, uma ajuda importante quando ambos, você e eu, formos os protagonistas dessa grande experiência que será seu nascimento.

> É INCRÍVEL... QUANDO COMEÇO A DORMIR, ELA COMEÇA A FALAR

A escola já se transformou para nós em um lugar familiar. Trato de não faltar nenhum dia, não só porque o que nos explicam ali é muito interessante como também porque gosto de estar com outras mães e pais que estão na mesma situação: conversamos muito antes das aulas e ao final, e nas palestras dos professores alguém sempre intervém e as enriquece com dúvidas ou experiências. Isso me faz sentir parte de um grupo que está fazendo a mesma coisa que eu: estar à disposição da vida para que ela se difunda, para que ela encontre um lugar para se alojar e crescer.

Carlos insiste sempre nessa ideia: somos depositários da força da vida para que ela se reproduza, de um sopro constante que permanece fiel a si mesmo ao longo dos séculos. O que acontece em meu interior, portanto, não afeta só a você e a mim (ou a seu pai e a sua avó, por exemplo). É muito mais. Pertence ao mistério espantoso de um cosmos que é capaz de criar ordem em um de seus universos, mesmo em seus minúsculos espaços, aí onde agora você está, meu pequeno, com todas as suas células em uníssono, cooperando para que cresça, e meu corpo contribuindo para isso, com uma sabedoria que nem eu sequer sei explicar.

Neste mês, Isabel não veio nos dar aula. Foi substituída por uma psicóloga, Elena, que é igualmente encantadora. Elena dedicou seu tempo a nos explicar que vocês, as crianças, são fundamentalmente "uns exploradores", e que explorar é a forma natural que têm para descobrirem o mundo e para chegarem a ele pouco a pouco.

Em suas palestras, nos falou do seu primeiro ano de vida. Assim, as palavras dela me antecipavam como você será e me davam pistas para ajudá-lo nessa exploração ou, pelo menos, para não dificultá-la. Ela diz que essa tarefa será muito importante porque é assim que você passará a conhecer, por um lado, o mundo exterior e, por outro, porá à prova, pouco a pouco, suas próprias possibilidades para sentir e se mover.

Também nos explicou que todas essas atividades que a nós parecem familiares e rotineiras (comer, tomar banho, brincar, dormir...) seriam, para você, verdadeiras ocasiões de aprendizagem. E que o seu primeiro instrumento explorador será – não tinha me ocorrido – a boca.

Segundo Elena, desde o momento do nascimento você usará a boca para se alimentar e, ao fazê-lo, explorará o primeiro território que lhe será familiar – meu corpo – mediante o paladar e o olfato. Depois, ao longo dos meses seguintes, quando você já puder agarrar as coisas, levará à boca tudo o que pegar, e essa será uma de suas estratégias preferidas para conhecer os objetos.

DEIXE-ME SAIR, TENHO QUE EXPLORAR O MUNDO

Parece que, junto com a boca, seus olhos serão outro instrumento de exploração privilegiado: logo começarão a se fixar no exterior e inclusive a seguir algo móvel que se desloque lentamente. Dizem que o olhar se desenvolve com mais rapidez que a

> ADEUS, MAMÃE. VOU EXPLORAR O BANHEIRO

capacidade de pegar coisas com as mãos, de modo que haverá um tempo em que você terá que se conformar em observar, em ir captando apenas com os olhos os rostos e as cenas que passarão a se tornar familiares.

Elena nos explicou que a repetição dessas imagens, quando estão associadas a situações de prazer (comer, tomar banho...), será muito boa para você, e que uma mudança brusca nessas situações o desconcertaria muito, romperia essa primeira "organização do mundo" que está em elaboração nessa época.

Mais tarde, quando já havia imaginado você como um explorador cabeçudo, com olhos e boca muito grandes, chegou uma nova explicação da psicóloga para nos informar da etapa seguinte, por volta dos quatro meses, quando a sua cabeça já se manterá erguida. Ela disse que esse pequeno avanço supõe uma importante ampliação de seu

> OBJETO REDONDO, MOLE, ELÁSTICO... PODERIA ROLAR E PULAR...

campo visual e proporcionará o momento em que suas mãos se dirigirão para os objetos, desejando tocá-los. Se compreendi direito, nesse processo seus olhos estarão sempre um pouco adiante de suas mãos, coisa que provavelmente acontecerá ao longo de toda sua vida: poderá ver muito mais do que lhe será possível tocar.

Perguntei a ela quando ocorreria aquilo do "polegar opositor", que tanto me impressionou quando nos falaram; disse que entre os cinco e os seis meses, quando você já poderia pegar as coisas "fazendo pinça", quer dizer, juntando o indicador e o polegar. Isso significa que, quando chegar esse momento, brincarei de lhe dar coisas pequenas e você estará em condições de apalpá-las, de perceber suas formas e, principalmente, de segurá-las.

Pelo que Elena disse, nesse processo de exploração, pouco a pouco, os olhos e as mãos vão tomando o lugar da boca, de modo que chegará um tempo, pelos 11 ou 12 meses, em que você já não terá tanta obsessão em sugar tudo o que tiver por perto.

ESTÁ NA CARA QUE NÃO CONFIAM EM MIM...

Mas o momento mágico parece que surgirá quando você começar a se manter de pé sem ajuda e aprender a caminhar. Dizem que acontece em torno do primeiro ano. Imagino que deve ser muito importante para você porque, a partir dessa etapa, já poderá ir em busca das coisas que quiser, sem necessidade de que a gente lhe entregue. Terei de ter cuidado então: tirar alguns potes e frascos das prateleiras baixas da cozinha e fechar bem os armários, para que você não faça o que a vovó conta sobre seu pai, que esvaziou todas as gavetas de uma cômoda, esparramando as coisas pelo chão.

Elena diz que o final do primeiro ano é um tempo muito interessante: o João explorador cede o lugar a João, o manipulador. Isso significa que você já poderá fazer coisas tão difíceis como introduzir toda a sorte de pequenas coisas em buracos, pôr cubos em linha, tirar objetos pequenos de suas caixas, inclusive esboçar desenhos toscos com um lápis! Quantas coisas, João! E em tão pouco tempo você as terá feito suas!

Todas essas aprendizagens, toda a velocidade com que previsivelmente você desenvolverá suas habilidades, faz sua mamãe pensar que sua etapa de explorador é importantíssima, algo assim como um método para ir incorporando "ordem" a esse conjunto de sensações um tanto caótico que o mundo deve ser para você, no começo. Prometo a mim mesma não interromper muito, só quando quiser meter os dedos na tomada ou ver se a chapa do fogão queima...

É PRECISO TER CUIDADO... SE MAMÃE ME VÊ, NÃO ME DEIXA...

Entre as explicações da psicóloga, há uma que me interessou especialmente. Refere-se ao momento em que você compreenderá que algo (ou alguém) que desaparece vai aparecer de novo. Chamou-me muito a atenção uma ideia que eu não conhecia: Elena diz que, até aproximadamente os seis meses, se a gente lhe esconder um objeto, ele "desaparece", deixa de existir para você; lá pelos oito meses, você começa a procurar por ele, mas é somente pelos 12 meses (um ano!) que o objeto ou a pessoa adquire existência própria, quer dizer, é visto como algo que já não faz parte de você, que deixa de estar presente mas "pode voltar".

Essa ideia me pareceu meio complicada. Não sei se não captei bem o seu conteúdo ou se eu não queria entendê-lo por causa das repercussões que pode ter em minha vida. Estava a ponto de perguntar, quando outra mãe se adiantou:

– O que acontece então se, por exemplo, aos cinco meses, deixamos o bebê na creche? Ele pode compreender que voltaremos para pegá-lo?

A resposta foi:

– No começo, não. Em um primeiro momento, vocês desaparecem para o bebê. A única coisa que ele sente é que vocês já não estão, que os perderam. Ele não pode antecipar a ideia de que vocês voltarão para pegá-lo. Depois, aprenderá a esperar, a aguardar o retorno da mãe ou do pai para buscá-lo, mas levará bastante tempo (e sofrimento) para que ele construa esse mecanismo.

– E aos oito meses? E aos 12?...

A maneira de perguntar das outras mães manifestava a preocupação geral: só temos quatro meses de licença, mas começamos a compreender que a sociedade é injusta ao nos dar tão pouco tempo para ficarmos com nossos filhos, principalmente se nos vemos obrigadas a deixá-los fora de casa tão cedo: vocês vão se sentir perdidos. Imagino que isso deve causar muita tristeza, e agora entendo por que muitas crianças choram ao se separar de suas mães ou de seus pais quando começam a ir à creche.

Minha cabeça dava voltas com o assunto quando Rosa, minha colega, falou alto e claro:

– A sociedade deveria manter os salários das mães e deixá-las em casa no primeiro ano de vida dos filhos. Também poderia se fazer isso com os pais, mas, claro, se esse tempo é utilizado para amamentar, então, eles não podem fazê-lo. De qualquer forma, com essa medida se beneficiariam as crianças e a sociedade, e se economizaria dinheiro.

Todos julgamos que Rosa tinha razão, mas não entendíamos bem a economia de dinheiro porque, caso se economizasse de verdade, as empresas já teriam investido nisso, porque não escapa nada a elas. Pedi então a Rosa que se explicasse melhor. E ela o fez – puxa, se o fez! –, despejou tudo de uma só vez:

– O interesse pela felicidade das crianças é um indicador de que as sociedades são sensíveis às necessidades dos mais fracos. Mas, além disso, se uma pessoa vive uma infância tranquila, com a presença de sua mãe ou seu pai de forma regular, é muito provável que mais tarde seja um adulto equilibrado. É aí que eu queria chegar: sabem quanto a sociedade economizaria em reformatórios, em polícia, inclusive nas perdas por baixa produção por parte de cidadãos infelizes...?

E o arremate (essa Rosa sabe das coisas...):

– Kofi Annan, o ex-secretário-geral das Nações Unidas, disse que cada dólar investido na infância produz, a longo prazo, sete dólares. De modo que, inclusive olhando pelo lado puramente econômico, a coisa valeria a pena.

Já viu, Joãozinho. É que vivemos em um mundo que gasta muito dinheiro em mísseis, em armamentos nucleares, guerras e guerrilhas... mas, em nosso meio, ninguém cogita manter o salário das mães ou dos pais durante o primeiro ano de vida de uma criança e nos dar uma licença de trabalho para que estejamos com vocês, os pequenos, que tanto precisam da gente, para podermos criá-los no calorzinho da casa, nesse universo próprio que tão bem os envolve.

Fiquei pensando que, no caso de alguns casais, quando um dos membros tem um bom emprego, é possível prescindir do outro salário por algum tempo. Parece-me que, nesses casos, seria muito grave preferir o carro, uma segunda residência ou as viagens ao prazer desse tempo compartilhado, irrepetível, que é como uma dádiva para você e para nós. Mas sei muito bem, meu querido, que muita gente tem que lutar, somando os trocados dos dois, para chegar ao fim do mês, e esses casais, por mais que não queiram, têm que deixar suas crianças com quatro meses na creche. Olhe, não tenho nada contra as creches – algumas são muito boas. É que, agora que conheço um pouco mais sobre vocês, penso em como seria bonito podermos continuar juntos por mais algum tempo e no que isso significaria na sua vida futura.

Essas ideias, que passavam muito rápido por minha mente, eram também as que estavam sendo comentadas no grupo. Começávamos a compreender, cada um a partir de suas circunstâncias, que as coisas não seriam tão fáceis como havíamos imaginado...

No momento em que estávamos mais preocupados, apareceu o diretor da escola, um homem com muito senso de humor, especialista em desdramatizar as situações. A verdade é que sua chegada foi providencial, porque os ânimos estavam lá embaixo. Ele nos disse que, por ora, havia se colocado um problema, uma questão que teríamos que resolver, mas que nenhum de nós tinha motivos para encontrar a solução de um dia para outro. Que havia tempo para pensar.

E passou para outra coisa: a importância da brincadeira.

– A criança representa as situações que vê ao seu redor "brincando com elas". É sua maneira de pensá-las, de imaginá-las. Na realidade, mais imita do que imagina.

Que virada! A ideia da creche se evaporou de minha cabeça e tive que voltar a me situar com você, estendida sobre um tapete, fantasiada de bichinho para me arrastar pelo corredor e reproduzir ao seu lado o andar de gatinhas que certamente vai lhe agradar muito.

O diretor esteve nos explicando que a brincadeira vai ser para vocês uma atividade importantíssima, um elemento crucial no desenvolvimento da inteligência, do mundo dos sentimentos, inclusive dos movimentos físicos. E nos deu uma espécie de receita rápida:

– Brincar, brincar, brincar... Essa é a primeira atividade com que a criança organiza sua imitação do mundo adulto e explora ativamente o seu corpo e o ambiente. Não esperem outra. E cuidem bem dela.

Essa ideia da brincadeira me ajudou a recuperar o moral. Seu pai e eu nos olhamos e nos imaginamos ambos vestidos de astronautas, correndo pela casa, e suspiramos aliviados. Isso sim, seria possível. Nenhuma empresa, nenhum governo poderia nos tirar a liberdade de brincar com você. Ainda bem...

E assim concluíram-se as notícias desse nosso sexto mês. Como você verá, às vezes aprendo algumas coisas; em outras, as aulas me trazem conflitos que não sei como vou resolver. Mas nem por isso deixarei de frequentá-las. Tanto seu pai quanto eu queremos saber o que será melhor para você quando estiver junto de nós.

Vou dormir. Estou acabada. E essa tarde você não parou de se mexer.

Até logo, meu menino. Um beijo.

Mamãe.

Sétima carta

7

Estimular sem angustiar

João, querido

Você já está no sétimo mês de vida, e eu começo a engordar bastante. Mas, é claro, tudo tem uma explicação: soube que seu pequeno corpinho aumenta de peso uns 200 gramas por semana. O médico me disse para não comer grandes quantidades, mas que devo ter muito cuidado em tomar vitaminas e minerais, porque seu cérebro está se formando e, se minha alimentação não for boa, você pode ser afetado.

Eu não sabia disso. Ele me explicou que todas as suas células cerebrais estão se criando agora, durante a vida fetal, e que depois, a partir do nascimento, você não fará mais nada que "gastá-las", sem possibilidade de que se regenerem. Isso me fez compreender a importância de ter cuidado com o que faço, com o que como e com as horas de sono. Que responsabilidade, pensar que de tudo isso dependerá inclusive a forma como sua cuca vai funcionar!

> VIVO EM UMA CASA INCÔMODA, É VERDADE; MAS NÃO PAGO ÁGUA NEM CALEFAÇÃO... NÃO POSSO ME QUEIXAR

Na escola, durante as aulas, o médico nos mostrou imagens de como você é nesse momento. Eu o vi muito grande e com todos os órgãos muito bem-definidos, mas, é claro, um pouco incômodo em um lugar tão pequeno. Acho que você não consegue mais dar cambalhotas, como fazia no mês passado, embora Carlos garanta que ainda possa se esticar, mudar de postura, girar... e que inclusive esses movimentos são uma espécie de "ginástica" que você vai fazendo para fortalecer os músculos e o esqueleto.

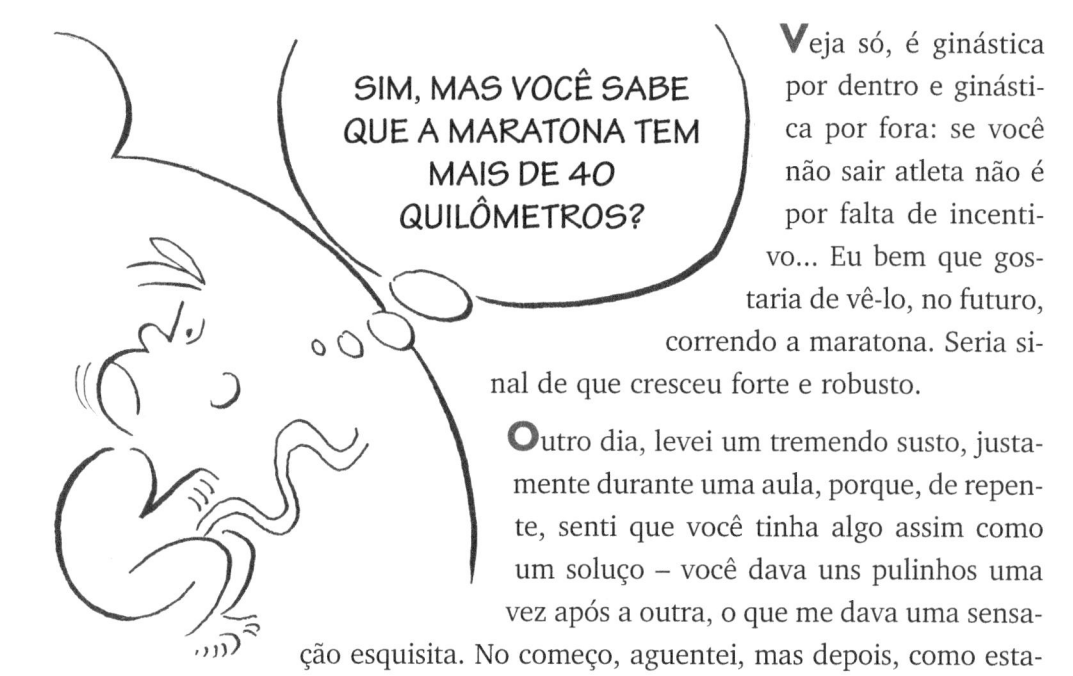

> SIM, MAS VOCÊ SABE QUE A MARATONA TEM MAIS DE 40 QUILÔMETROS?

Veja só, é ginástica por dentro e ginástica por fora: se você não sair atleta não é por falta de incentivo... Eu bem que gostaria de vê-lo, no futuro, correndo a maratona. Seria sinal de que cresceu forte e robusto.

Outro dia, levei um tremendo susto, justamente durante uma aula, porque, de repente, senti que você tinha algo assim como um soluço – você dava uns pulinhos uma vez após a outra, o que me dava uma sensação esquisita. No começo, aguentei, mas depois, como estava começando a me preocupar, levantei a mão, pedi a palavra e soltei a pergunta de supetão:

– Os bebês podem ter soluço antes de nascer?

Carlos sorriu e olhou minha cara assustada:

– É assim que você sente, Irene?

> OLHE, QUANDO VOCÊ TEM SOLUÇOS, PARECE QUE EU ESTOU DENTRO DE UM CANGURU...

Respondi que sim, que nesse exato momento você estava soluçando.

Então, todos os olhos do grupo se depositaram em mim, sobre essa bola enorme que minha barriga é agora, tentando comprovar se ela se mexia aos pulinhos, se dava sacudidas que poderiam ser vistas a olho nu. Fiquei toda vermelha, mas Carlos acabou com minha dúvida e me tranquilizou:

– Claro que podem ter soluço. Não se preocupe, ele resolverá sozinho a coisa. Será muito mais difícil depois que nascer. Então, você vai querer ajudá-lo. E será pega de surpresa, como todas as novatas.

TODO O TEMPO QUE VOCÊ VAI PERDER COMIGO, MAMÃE, ESTARÁ GANHANDO PARA MIM E PARA VOCÊ

Fiquei mais calma. Sabe como é, tudo o que é novo desconcerta. Como certamente vai acontecer com você, meu querido filho, quando as coisas mudarem pela primeira vez ao seu redor. E, falando em mudanças, as aulas de Isabel giraram em torno desse assunto esse mês. A pedagoga, que já voltou para nós, começou a última aula como sempre: nos surpreendendo.

– Em educação, perder tempo às vezes equivale a ganhá-lo.

Eu pensei em seguida em modos de "perder tempo" brincando com você, estando ao seu lado, mas, dessa vez, o alvo de Isabel não estava aí. Ela continuou:

– Não queiram estimular tanto seus filhos de maneira que lhes imponham exigências impossíveis de se satisfazer.

E, tirando os óculos, disse-nos claramente:

– Há uma idade em que um determinado exercício é vão e inútil. Outra, em que é difícil e laborioso. Felizmente, há outra em que é rápido, econômico e produtivo. Esperem esta terceira.

Então, ela nos falou do amadurecimento, do modo como o corpo e a mente de vocês progridem, como vão adquirindo habilidades a cada dia mais complexas, e nos disse que esse desenvolvimento ocorre, claro, impulsionado pelo ambiente, adaptando-se a ele, mas em etapas bastante homogêneas dentro de nossa espécie.

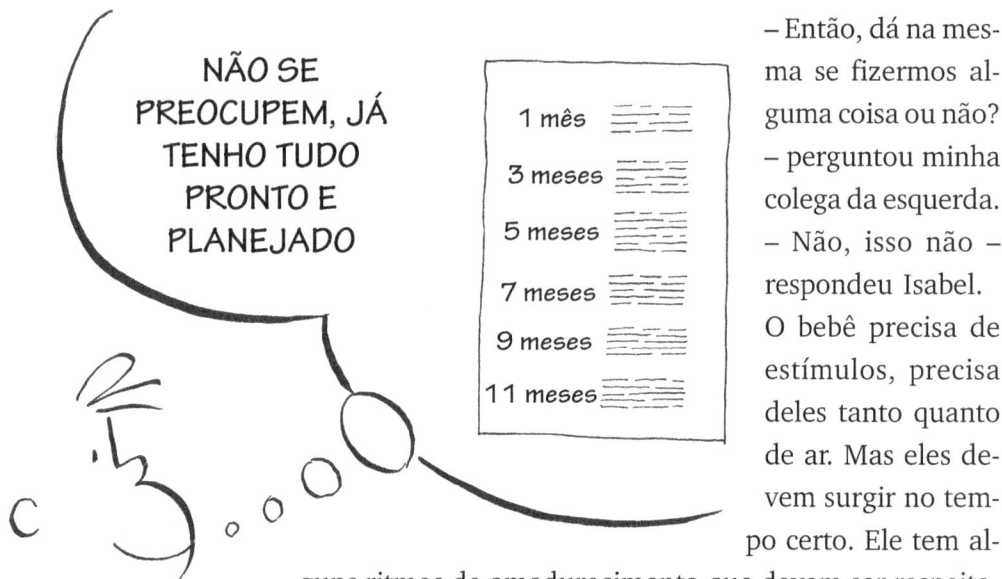

> NÃO SE PREOCUPEM, JÁ TENHO TUDO PRONTO E PLANEJADO

1 mês
3 meses
5 meses
7 meses
9 meses
11 meses

– Então, dá na mesma se fizermos alguma coisa ou não? – perguntou minha colega da esquerda.
– Não, isso não – respondeu Isabel. O bebê precisa de estímulos, precisa deles tanto quanto de ar. Mas eles devem surgir no tempo certo. Ele tem alguns ritmos de amadurecimento que devem ser respeitados; são aqueles que fazem com que praticamente todas as crianças comecem a andar e a falar aproximadamente na mesma idade.

Foi aí que ela nos deu alguns exemplos:

– A falta de estímulo pode ser muito negativa. Há casos de crianças selvagens, como o das crianças-lobo que contei no começo do curso. A experiência nos indica que, quando foram incorporadas logo, nos primeiro anos, à vida social, elas aprenderam a falar. Mas, quando isso aconteceu tarde, depois dos 6 anos, nunca se conseguiu que desenvolvessem uma linguagem adequada.

> NÃO SERIA MAIS FÁCIL ESPERAR QUE EU PEDISSE?

E continuou nos contando histórias, como a dos bebês que se criaram em orfanatos; um grupo foi criado em um orfanato normal e outro, por meio de uma experiência-piloto que oferecia a presença de uma espécie de "mãe" substituta, muito personalizada. Pelo visto, o segundo grupo se desenvolveu melhor, tanto em suas habilidades motoras quanto na parte mental, certamente devido à influência que o mundo afetivo tem nessas etapas da vida.

Nós, mães e pais, ao escutá-la, estávamos dispostos a ensinar a vocês com muito cuidado tudo o que sabemos fazer, pensar... quando, de repente, Isabel recuperou sua primeira advertência:

– Por outro lado, toda aprendizagem prematura é estéril.

Ela então nos disse que de nada serve tentar pôr de pé um bebê de seis meses, a não ser para lhe fortalecer as pernas. Que seu esqueleto ainda não amadureceu suficientemente. E que tampouco fiquemos loucos querendo que vocês sejam os primeiros a fazer isso ou aquilo... porque, mesmo que o conseguíssemos, o mais provável é que, nos anos seguintes, os companheiros de vocês os igualassem rapidamente e todo esse esforço não teria valido para grande coisa.

Ficamos um tanto preocupados. Não por causa das ideias, o que se compreende bem, mas pelo quanto deve ser difícil adivinhar em que momento um estímulo é bom ou quando não vale nada. Não somos pedagogos, nem acho, sinceramente, que para ser mãe ou pai seja preciso sê-lo.

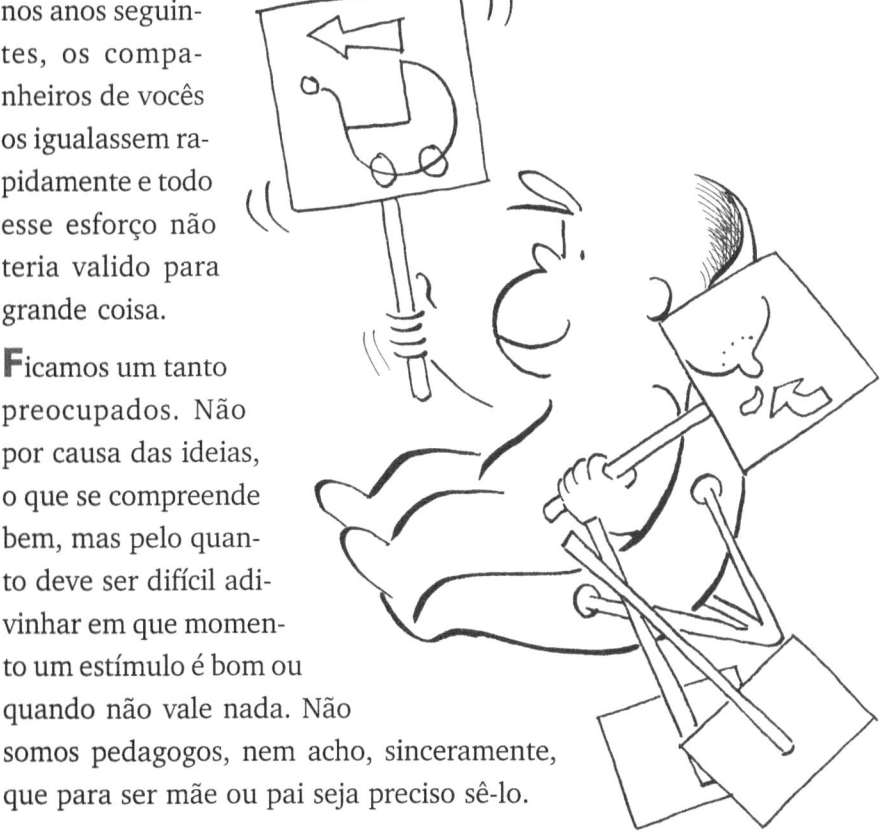

Assim, Isabel, adivinhando o nosso problema, nos consolou:

– Utilizem o senso comum. Há um método que não falha. É observar se a criança incorpora os estímulos de vocês de maneira natural, se estes respondem a suas incipientes necessidades. Fiquem atentos às "mensagens" que as crianças enviarão sobre a aceitação (ou o desdém) sobre as propostas que vocês lhes fizerem, sobre os objetos que lhes derem... Claro que isso requer ser bons observadores. Porque, quando um estímulo corresponde a um interesse e às capacidades da criança, o sucesso está garantido.

Mas, cuidado, Isabel se encarregou em seguida de nos advertir: embora não convenha ficar o dia todo organizando propostas de aprendizagem (que podem ser prematuras), é bom que o ambiente que rodeia vocês, os bebês, seja por si mesmo estimulante (um lugar em que se fale, se ouça música, em que haja uma riqueza de elementos que despertem o interesse de vocês, sua curiosidade). E nos disse uma coisa muito bonita:

– Os pais não têm o direito de escrever a história de seus filhos. Devem estar aí, ajudando-os, mas com uma atitude de escuta, de espera, de saudável cooperação, e não os empurrando sempre, exigindo que sejam o que vocês esperam deles.

Também nos falou do que os especialistas chamam de *períodos críticos*, que, pelo que entendi, são uma espécie de momentos mágicos nos quais seu corpo e sua mente, meu querido filho, estão "em ponto de bala" para que se produza alguma aprendizagem, como andar, falar, correr... Espero que você se porte bem e vá me mandando sinais, assim como acontece na estrada, onde põem para a gente avisos de "proibido ultrapassar" porque não há visibilidade suficiente ou uma placa de "direção obrigatória" e se compreende que a única possibilidade é continuar em frente. A vida não é uma estrada, claro, mas alguma "placa" de sua parte de vez em quando seria bom para mim. Vamos ver como você se sai.

> JÁ ESTOU COMEÇANDO A RESPONDER AS SUAS CARTAS

Isabel continuou com o assunto, agora para nos advertir de algo que, pelo visto, lhe causa preocupação:

– Não projetem sobre os filhos o que vocês gostariam de ter sido ou o que não fizeram a seu tempo.

Silêncio sepulcral. Todos ficaram reflexivos e certamente alguém que já estava quase com a bola debaixo do braço se viu de repente renunciando a que seu filho fosse goleiro do Real Madri... Minha colega de mesa confessou que havia sonhado muitas vezes que sua filha fosse bailarina, porque não a deixaram dançar e ela sofreu muito... Outra mãe perguntou se essa recomendação também serve para a comida: que a ela obrigaram a comer restritivamente e agora tinha se proposto deixar que sua pequena comesse o que quisesse...

E assim foi, durante toda a aula. Ainda bem que, na semana seguinte, Isabel decidiu ampliar o tema e nos falar de algo superinteressante: a linguagem.

Vou lhe contar em poucas palavras, João: você vai aprender a falar graças ao desenvolvimento de sua inteligência. Mas sua inteligência se desenvolverá principalmente nesse exercício de aprender a falar.

Parece uma charada, mas não é. Assemelha-se antes a uma espiral, ou algo assim. Uma primeira situação favorece a segunda, e esta segunda "devolve os benefícios", estimulando, por sua vez, a primeira. Como se eu desse um dinheiro a alguém e essa pessoa, agradecida, devolvesse o dinheiro com juros... e então eu, muito satisfeita, resolvesse lhe dar de novo uma quantidade maior, e assim sucessivamente.

Pois é isso o que acho que acontece com a linguagem e com a inteligência. Que maravilha! Isabel nos lembrou que a possibilidade de falar e de escrever é um dos traços que mais nos diferenciam dos animais e é o que nos permitiu, ao longo do tempo, criar uma cultura e ter uma história. Também nos possibilitou entender uns aos outros, o que não é pouco. Já estou desejando ouvir suas primeiras palavras! E você, se prepare, porque, tagarela como sou, vai ter uma boa mestra!

Pelo que nos disse Isabel, há muitas teorias sobre a linguagem e nem todas dizem as mesmas coisas. Ela nos falou que alguns filólogos sustentam que muito cedo, desde os primeiros dias de vida, vocês, os bebês, embora estejam em princípio capacitados para aprender qualquer língua, começam a se identificar com a língua que seus pais falam. De maneira que o cérebro de vocês faz algo assim como "reconhecer essa língua previamente entre qualquer outra", para começar a construir a partir dela todas as estruturas que formam a fala de seu grupo.

Parece que vocês, pequerruchos, não fazem nada e que sua mente trabalha a um ritmo e com uma intensidade que, se pudéssemos ver de fora, ficaríamos espantados! Puxa, que atividade interior a de vocês! E nós, os marmanjos, sem nos dar conta!

Quanto à fala, aprendi que, durante os três primeiros meses, você vai estar no nível "do gorjeio", quase como um passarinho, emitindo seus primeiros sons, quase sempre guturais, e repetindo-os, modulando-os... Pelo visto, se trata de uma espécie de ginástica inicial com a qual você vai treinando sua garganta para o momento em que desatar a dizer palavras, mas que ainda não guarda nenhuma relação com nossa linguagem.

Por volta dos oito meses, aproximadamente, você já terá feito muitos progressos e poderá imitar alguns sons novos que lhe chegarem do exterior. Isabel nos contou que, nesse período, começarão a aparecer as palavras "papai" e "mamãe" que, como são muito fáceis, você dirá sem saber muito bem ainda o que significam.

PA-PÁ
MA-MÃ

NÃO É QUE SEJAM MAIS FÁCEIS. É QUE FICARIAM MAGOADOS SE EU COMEÇASSE COM OUTRAS...

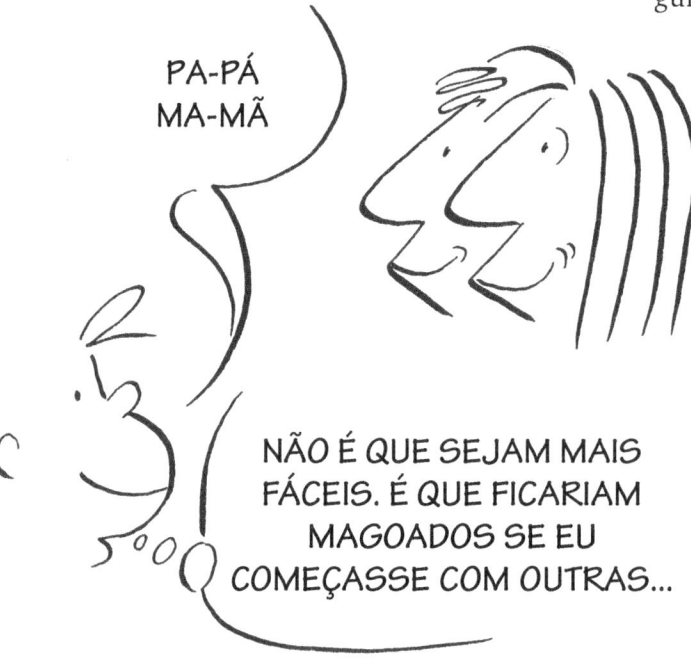

Porém, o mais importante é essa ideia de que você passará um longo tempo escutando antes de desatar a falar. O que isso quer dizer? Isabel diz que, no mínimo, duas coisas:

– A primeira é que as crianças devem estar em ambientes em que se fale, e devem participar de experiências cotidianas em que se fale especialmente para elas. A segunda é que o elemento afetivo tem uma grande importância para a aquisição da linguagem.

Pelo visto, vocês captam em seguida o tom emocional de nossas palavras: se nelas há alegria, angústia ou irritação. E a aquisição da linguagem está poderosamente apoiada nesses sentimentos.

Para confirmar o que nos comentava, Isabel nos relatou o caso de crianças que, devido à ausência de afeto, têm um notável atraso no surgimento da linguagem e a desenvolvem pobremente; há crianças inclusive com uma evolução normal que, quando privadas da relação com seus pais, regridem ou interrompem seu processo de aprendizagem da fala.

Isabel diz que a primeira palavra aparece em torno dos 10 meses, em média, e que, lá pela metade do segundo ano, vocês já dominam pelo menos uma centena de palavras. Depois disso parece que você entrará, Joãozinho, em um desses *períodos críticos* nos quais tudo acontece muito depressa. É como se tanto tempo ouvindo de repente produzisse seu fruto: 100 palavras até os 20 meses, umas 300 aos 2 anos e... ora veja!, quase mil aos 3 anos! Um campeão, isso sim é ser um campeão!

E, assim, com essas novas realizações, você irá se integrando cada vez mais ao nosso mundo, podendo expressar o que sente e também sendo capaz de compreender, pouco a pouco, o que acontece com os demais. Um mistério e uma dádiva, isso de aprender a falar... Um mistério e uma conquista que fizemos como espécie e que em você se reproduzirá, tornando-o parte da família humana.

Confio em que me ouça, aí do seu esconderijo, quando lhe falo baixinho e pausadamente. Espero que sinta o carinho que há em minhas palavras.

Com você, Mamãe.

Oitava carta

8

As crianças vivem no presente

Querido Joãozinho

Já estamos nos aproximando do final da gravidez: você, cada dia maior e mais bem-formado, e eu com uma barriga enorme que me dificulta continuar trabalhando, entrar e sair, levantar coisas pesadas... Sinto necessidade de descansar com frequência e minhas pernas estão muito sobrecarregadas, como as colunas de um edifício que de repente tivesse o telhado cheio de neve.

Você deve comer uma barbaridade, pois sempre tenho fome. O médico me disse para tentar fazer várias pequenas refeições, em vez de me entupir de uma vez só, porque agora há pouco espaço em meu corpo para qualquer coisa que não seja você, e o estômago se ressente.

A vovó Ana e seu pai me cuidam muito. Ana está "como peixe n'água", me preparando pratos de verduras, saladas de frutas frescas e um montão de coisas deliciosas que como com prazer, lembrando os tempos em que eu era menina e ela me dava banana batida com laranja para lanchar, um sabor que nunca esqueci.

> PARA JANTAR, GOSTARIA DE SALMÃO DEFUMADO, BATATAS FRITAS E UM COPO DE VINHO TINTO

Embora tenha aumentado quase 10 quilos de peso, o médico diz que engordei normalmente e que é preciso pensar que não levo somente você dentro (lembre-se de que você cresce uns 200 gramas por semana; já deve estar enorme) mas também a placenta e o líquido amniótico.

Esqueci de lhe contar algo que Carlos, o médico, nos ensinou, nas sessões passadas na escola: você está feito uma bolinha, rodeado por uma espécie de camada viscosa de gordura que, pelo visto, protege a pele de infecções e que, além disso, irá torná-lo mais escorregadio durante o parto, ajudando-o a nascer.

Depois de exames na clínica, me disseram que você não está colocado na posição normal, mas ao contrário, de modo que é possível que seu parto não ocorra como a maioria, saindo primeiro a cabeça, e sim os pés. Dizem que não é grave, que aproximadamente uns 3% dos bebês nascem assim, mas eu me pergunto se isso não é um sinal de que você será um corredor de mil metros rasos ou, também poderia ser, de que queira proteger a cuca de um esforço tão grande e reservá-la para outras tarefas... Logo veremos.

> FINALMENTE, NÃO VEJO O MUNDO AO CONTRÁRIO!

Nós três – seu pai, a vovó e eu – fomos comprar um berço para você e o resto das roupas. Foi uma tarde muito divertida, com a vovó Ana nos avisando que as barras da grade não podem estar muito separadas – imagina se você mete a cabeça entre elas e depois não sabe como tirá-la? Disse que algumas crianças se asfixiaram assim. Eu achei essa história meio inacreditável, mas, seguindo os conselhos dela, compramos um berço muito bonito com as barras bastante juntas.

> QUE BOAS LEMBRANÇAS ME TRAZ...

Também trouxemos uma banheira pequenina. Espero que logo, logo, você a desfrute com gosto. A vovó disse que o momento do banho vai ser uma festa para você, pois seria como voltar por alguns minutos ao útero e desfrutar desse calorzinho e desse invólucro líquido de que os bebês tanto gostam. Comprei um termômetro, porque não me sinto nada segura quanto à temperatura da água, mas a vovó disse que sou uma exagerada, que basta fazer como ela fazia, meter o cotovelo na água para saber se está no ponto.

Quanto às aulas, continuo aprendendo muitas coisas que espero saber usar, na hora certa, para ajudar você a crescer da melhor maneira possível. No entanto, às vezes sinto muita insegurança, me pergunto se seremos capazes de usar na prática nossas aprendizagens, os bons propósitos... Não posso deixar de pensar que meus próprios pais, que me amavam, cometeram erros comigo... Então, tenho que admitir que, apesar de nossas boas intenções, seu pai e eu vamos nos enganar mais de uma vez com você... Espero, pelo menos, me dar conta logo e saber consertar, ser suficientemente lúcida e flexível para poder compensar minhas falhas a tempo.

As palestras desse mês correram de novo por conta de Elena, a psicóloga, que nos falou de um assunto para mim bastante desconhecido:

– O bebê só vive o presente.

Ela chama de "bebês" as crianças durante o seu primeiro ano de vida, mas esclareceu que essa afirmação pode ser estendida inclusive por mais tempo, que na primeira infância continua válida.

LEMBRE-SE DE QUE NÃO TENHO PRESSA DE CRESCER

E insistiu que isso de viver no presente é uma coisa que não devemos esquecer.

– Ser feliz, para uma criança, é ser "agora". Não há lugar para demoras que ela não pode compreender.

Elena nos explicou que vocês, os pequenos, não são "projetos de adulto", mas pessoas cuja felicidade tem um enorme valor em cada momento. Ela nos disse que, durante os primeiros meses, vocês nem podem distinguir os objetos ou as pessoas como algo separado do seu ser, que os veem como uma espécie de "quadros" imprecisos cheios de sensações, nas quais participam a visão, a audição, o olfato, o tato...

– Esses quadros existem enquanto estão presentes – insistiu Elena.
– Quando desaparecem, se desvanecem totalmente. Na criança pequena ainda não há noção de tempo nem de espaço, tampouco de causalidade. Há apenas um "agora" indiferenciado.

Há, em nosso grupo, um pai que intervém muito. Eu gosto de escutá-lo, porque sempre traz ideias originais. Veja só o que lhe ocorreu, ao ouvir Elena: o que você e os outros Joãozinhos e Joaninhas podem perceber é algo assim como uma peça de teatro, na qual cada um de vocês é um ator que está sempre em cena. Ele disse que, certamente, o que você e os outros bebês experimentam é que as cenas se sucedem e têm valor enquanto estão sendo representadas, mas que, quando "cai o pano", a peça acaba e tudo desaparece.

É COMO UM TEATRO, MAS EM PRETO E BRANCO...

Elena achou o exemplo muito engraçado. Ela o completou explicando que, nessa peça de teatro, tudo o que se representa são basicamente emoções e sentimentos, e que devemos esquecer os raciocínios enquanto vocês, os atores, forem tão pequenos.

Uma peça bastante louca, eu pensava, ouvindo-os. Ou maravilhosa, me dizia seu pai: sem restrições, sem segundas intenções, na qual tudo "é o que é".

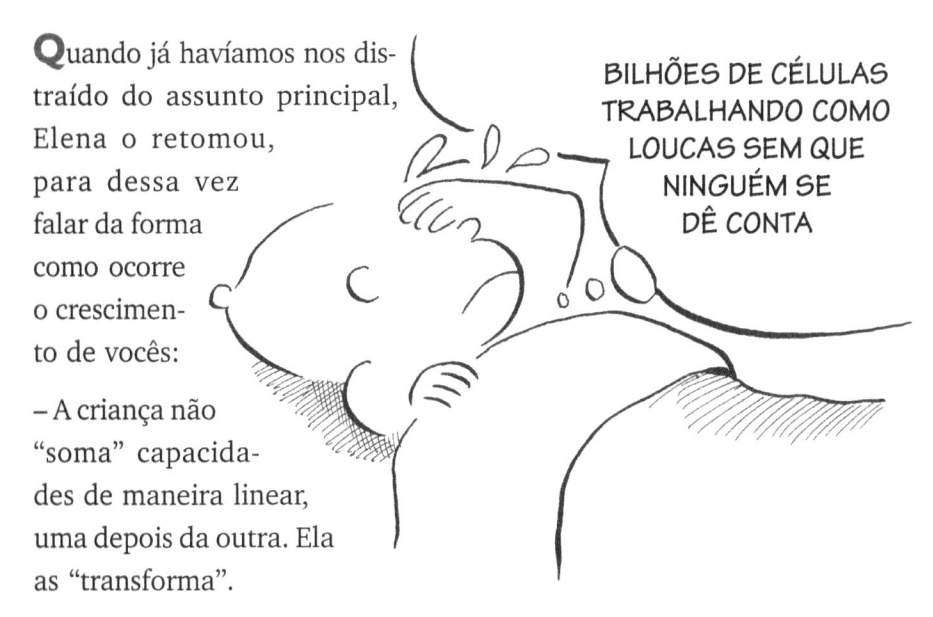

Quando já havíamos nos distraído do assunto principal, Elena o retomou, para dessa vez falar da forma como ocorre o crescimento de vocês:

BILHÕES DE CÉLULAS TRABALHANDO COMO LOUCAS SEM QUE NINGUÉM SE DÊ CONTA

– A criança não "soma" capacidades de maneira linear, uma depois da outra. Ela as "transforma".

Uma frase muito pequena mas cheia de conteúdo, pensei, esperando que a psicóloga ampliasse suas explicações. Foi o que ela fez.

Elena nos disse que tínhamos que abandonar a visão simplista de que você, por exemplo, crescerá como o broto de uma planta, ficando cada vez mais comprido, ou como os galhos de uma árvore, que se estendem na distância.

Ela nos contou uma história muito bonita e então, para mim, tudo se tornou facilmente compreensível:

– A criança não é um recipiente vazio que vai se enchendo por acumulação. Também não é apenas um "projeto de adulto" e, menos ainda, do adulto que nós não pudemos ser. Quero que visualizem, por um instante, o seu próprio corpo. Vocês verão que é como um quebra-cabeças no qual cada peça está viva graças a sua conexão com todas as demais. Digam-me: em que parte do corpo de vocês está a consciência? Onde se abriga a capacidade para se apaixonar?

Todos nós ficamos meio desconcertados, sem saber onde a psicóloga queria chegar com suas perguntas. Então, ela nos explicou que, nos sistemas complexos, como nosso corpo...

– Tudo está conectado com tudo: o coração manda o sangue aos recantos mais intrincados; os pulmões impulsionam o oxigênio aqui e ali; o cérebro envia sinais que os demais órgãos sabem reconhecer... E, o que é maravilhoso, bilhões e bilhões de células cooperam para que o conjunto do corpo se mantenha vivo.

Até aí, acho que já sabia, mais ou menos, embora esse negócio das bilhões de células tenha me parecido um número muito alto, que não havia imaginado. O mais importante veio depois, quando aprendi com Elena que o seu desenvolvimento, João, não ocorre como se as capacidades fossem se "somando":

– As crianças crescem fazendo transformações, reorganizações do que já existe. Cada nova habilidade, cada conhecimento que se incorpora, obriga a reestruturar tudo o que já havia e modifica a totalidade.

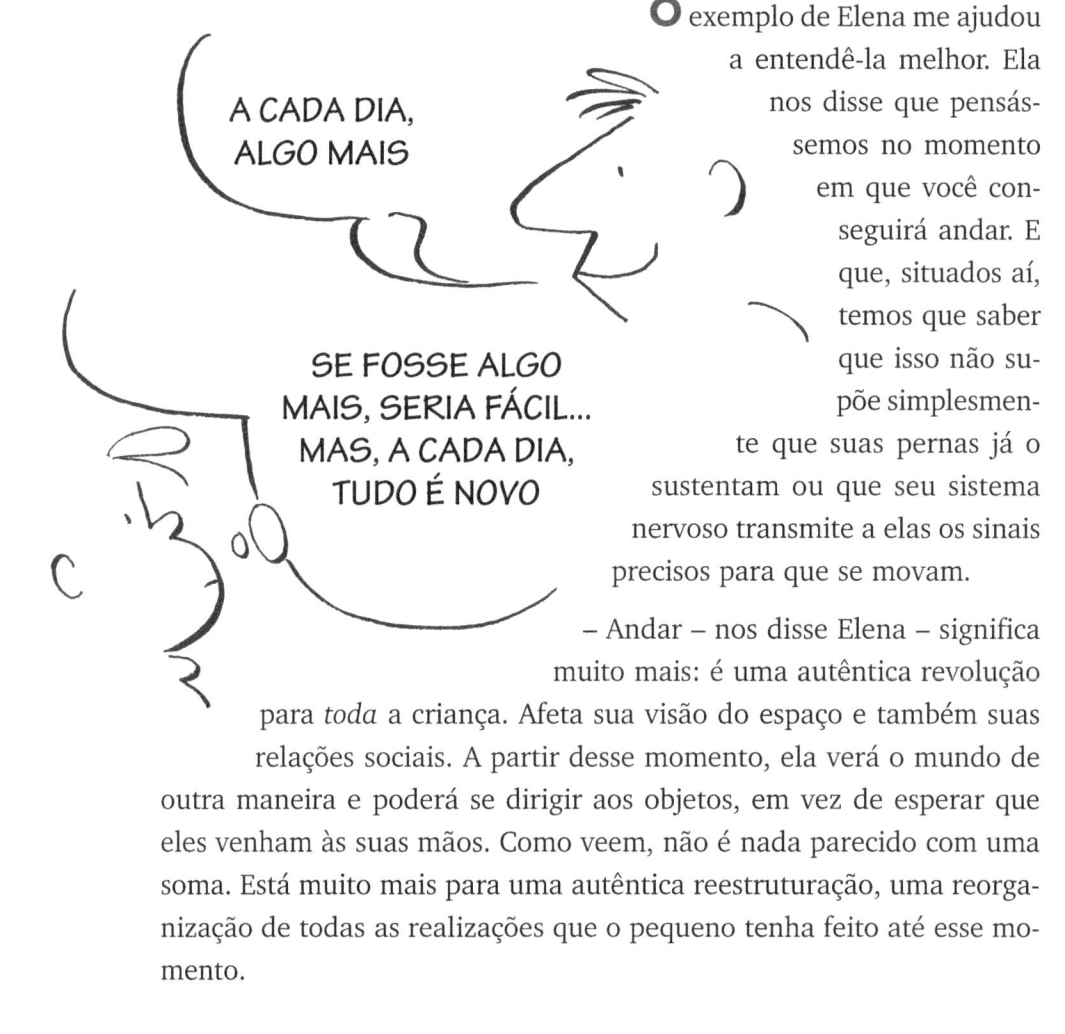

O exemplo de Elena me ajudou a entendê-la melhor. Ela nos disse que pensássemos no momento em que você conseguirá andar. E que, situados aí, temos que saber que isso não supõe simplesmente que suas pernas já o sustentam ou que seu sistema nervoso transmite a elas os sinais precisos para que se movam.

> A CADA DIA, ALGO MAIS

> SE FOSSE ALGO MAIS, SERIA FÁCIL... MAS, A CADA DIA, TUDO É NOVO

– Andar – nos disse Elena – significa muito mais: é uma autêntica revolução para *toda* a criança. Afeta sua visão do espaço e também suas relações sociais. A partir desse momento, ela verá o mundo de outra maneira e poderá se dirigir aos objetos, em vez de esperar que eles venham às suas mãos. Como veem, não é nada parecido com uma soma. Está muito mais para uma autêntica reestruturação, uma reorganização de todas as realizações que o pequeno tenha feito até esse momento.

Segundo Elena, é também assim que o seu cérebro se organiza: flutuando desde situações já conhecidas para outras desconhecidas, adaptando-se, alcançando novas formas de equilíbrio... Ou seja, como se fosse um artista que anda na corda bamba ao mesmo tempo em que se adapta às condições do ambiente, que nunca são as mesmas.

Eu pensava que os equilibristas tinham aprendido tudo de uma vez só, mas agora compreendo que não, que o circo, como a própria vida, é um lugar em que tudo o que é importante se reconstrói minuto a minuto.

Elena disse que tampouco sua inteligência se desenvolve a cada dia com a mesma intensidade. Sua explicação nesse ponto foi bastante científica e complexa, porém, como não é certo que você fosse entendê-la, vou traduzi-la com um exemplo que, pelo menos, não é muito rigoroso, mas estou segura de que compreenderá:

É como se puséssemos água em uma cafeteira a fim de fazer café. A água vai esquentando pouco a pouco, mas há um momento crítico em que, de repente, ela começa a ferver e cai sobre o filtro da cafeteira. Nesse instante, o café é passado. Pois acontece uma coisa parecida com suas aprendizagens: você fica muito tempo acumulando certas habilidades e depois, em um "momento mágico", de repente começa a falar, a andar, a comer sozinho... Elena diz que é preciso saber esperar esses momentos e reconhecê-los quando chegam, para festejá-los com você e o ajudar a seguir em frente.

Como você pode ver, as aulas desse mês foram muito substanciosas. Alguém perguntou a Elena se esse "estar no presente" significava que você não tinha nem passado nem futuro. E foi uma boa pergunta, porque ela nos esclareceu que passado há, sim, pois o passado é o suporte em que você vai assentando suas aprendizagens, mas o que não há

QUE SOU COMO UMA CAFETEIRA ENTENDI DIREITINHO; SÓ NÃO GOSTEI...

> "...E NÃO ME VENHA DE NOVO COM "AMANHÃ, AMANHÃ..."

é consciência do tempo: vão se passar alguns anos antes que distinga entre a manhã e a tarde, e algum tempo mais, ainda, para que possa entender "ontem" e "amanhã".

– E o futuro? O que acontece com o futuro? – perguntou uma mãe no fundo da sala.

– Já viram, não? – respondeu Elena. – Demora muito para chegar. Isso livra a criança de muitas preocupações, lhe permite viver muito centrada no que faz, no que aprende, no que brinca. Por isso, é tão importante respeitar as atividades infantis e não interrompê-las, a não ser que seja necessário.

Uma mãe, ao meu lado, disse que daria qualquer coisa para poder viver no presente, sem a angústia de projetar o que será o fim de semana, aonde irá nas férias ou quando terminará de pagar a hipoteca da casa. Isso nos fez ver que o tempo da infância é uma verdadeira dádiva: dias e horas em que podemos estar exatamente onde estamos, sem outra preocupação. E eu fiquei feliz que a vida tenha disposto assim as coisas, que você possa brincar, aprender e se desenvolver, sem outras tarefas além dessas.

O restante fica para nós. Seu pai e eu, também sua avó, os amigos, os tios e os primos, enfim, todos nós cuidaremos de você para que seja uma criança feliz no presente.

Mamãe, que o ama.

Nona carta

9

O papel dos pais

Queridíssimo João

Já chegamos ao nono mês, muito perto do dia em que, se tudo correr bem, você vai se incorporar à nossa vida de uma maneira mais real, e poderemos lhe beijar, acariciar seu corpo, cheirar sua pele... Seu pai e eu estamos desejando que chegue esse momento, e você, pelo que se vê, decidiu nascer de pé, uma forma que, dizem, dá sorte, à qual apenas alguns bebês aventureiros se atrevem. Pelo menos foi isso o que o médico comentou na última consulta: que já não é previsível que você possa mudar de posição, que vai continuar assim, protegendo sua cabecinha do choque e com as pernas bem-dispostas para abrir caminho para essa nova vida.

Eu já deixei de trabalhar, embora me mova bastante e continue fazendo a ginástica preparatória para o parto, pois, agora, mais do que nunca, necessito treinar todos esses exercícios que ajudarão para que sua vinda ao mundo seja mais fácil.

Ainda não sabemos a data em que você decidirá nos visitar. O médico diz que é tão normal dar à luz na 38ª semana da gravidez como na 42ª, de modo que teremos que esperar que você nos envie alguns sinais para organizar sua recepção (o berço e as roupas já estão prontos... o resto depende de você).

Ontem, terminamos as aulas na escola. Fiquei muito triste por me separar dos colegas que estão vivendo uma experiência semelhante à nossa. E acho que vou ter uma espécie de síndrome de abstinência ao não poder ouvir mais Isabel, Carlos, Elena, Francisco... Aprendi com todos muitas coisas que, tenho certeza, serão muito úteis para fazer o mínimo possível de bobagens com você.

As sessões deste último mês foram muito bonitas. Elas foram dedicadas ao papel dos pais. Os professores se dividiram; cada um deles falou de diferentes aspectos, mas, em conjunto, o que pudemos aprender são algumas coisas que nos servirão como guia e que procurarei resumir da melhor forma.

Começarei por Francisco, o psicoterapeuta. Ele nos falou de uma técnica que se usa com os animais, especialmente com os cavalos, para acostumá-los a aceitar a presença dos seres humanos. A técnica consiste, se aprendi direito, em se aproximar do cavalo nas primeiras horas de vida e acostumar algumas partes de seu corpo ao tato das pessoas. Dizem que, se assim se faz, esse tato fica como que "impresso" nas lembranças sensoriais do animal e faz com que ele o reconheça como algo agradável para sempre.

Vocês, os bebês, não são cavalos, é claro. Francisco se encarregou de nos dizer isso logo de saída, ao afirmar que não queria fazer uma ponte direta com a experiência humana, mas nos chamar a atenção sobre a importância de que, nos primeiros momentos da chegada à vida, vocês sejam acariciados, ouçam nossas vozes lhes falando com carinho...

Ele insiste em que, durante alguns meses, todas essas experiências vão se gravando no psiquismo de vocês e lhes serão de grande ajuda para *toda* a vida. Ele também diz que a proximidade física que eu possa ter com você, por exemplo, será uma preparação insubstituível para sua proximidade futura com outras pessoas; será – que bonito! – uma "aprendizagem da ternura", da escuta, do olhar compartilhado.

Eu acho que Francisco gosta tanto das crianças porque passa o dia escutando adultos infelizes cujos problemas, em grande parte, vêm da infância. Ele nos falou, também, da importância de que o ambiente de vocês não mude demais durante o primeiro ano, da conveniência de não os levar constantemente de um lado para outro, porque a casa, o lar familiar, já é um lugar suficientemente grande para que possam reconhecê-lo e se reconhecerem nele.

Francisco diz que, quando vocês são tirados desse microcosmo e são levados a outros lugares, o "mundo inteiro" de vocês se desorganiza, exceto se nesse outro lugar também houver um certo sossego e esteja presente a figura da mãe ou do pai, que lhes servirão de referência. Essa ideia me fez pensar de novo na creche, um lugar que, por melhor que seja, você não poderá "reconhecer" quando ainda tiver poucos meses.

Eu acreditava ingenuamente que, se o levasse ainda cedo com outras crianças, em seguida você se tornaria mais sociável. Mas Francisco insistiu que essa sociabilidade, como tudo, surge pouco a pouco e tem seu ritmo, e que durante o primeiro ano você tem que fazer outras aprendizagens mais importantes, como a da segurança, a do afeto, que justamente lhe servirão depois para que se relacione com os demais.

> NÃO SEI SE SOU PRECOCE, MAS... GOSTEI DA GAROTA QUE VI ONTEM À TARDE

Mas o que mais me convenceu foi quando, respondendo à pergunta de uma mãe, ele nos explicou que vocês, bebês, realmente têm muito pouco interesse pelas relações com seus iguais. Disse que, inclusive, até os seis meses, os contatos sociais são essencialmente negativos: que você, Joãozinho, trataria os outros bebês como objetos – empurraria, manipularia, pegaria os brinquedos das mãos deles... Parece que aí pelos nove meses já daria um pouco mais de atenção aos seus congêneres, principalmente para brigar com eles pela posse dos objetos. E mais, diz Francisco: será necessário esperar ainda vários meses para que, com mais de um ano, possa estabelecer com seus amigos contatos menos competitivos e mais positivos.

Se as coisas são assim, começo a compreender porquê há tantos adolescentes agressivos, que parecem ter sido treinados desde cedo para defender com unhas e dentes suas "posses" ou inclusive para meter a mão nas dos outros. Talvez nós, os mais velhos, com a maior boa vontade, tivéssemos facilitado um desenvolvimento prematuro dessas condutas, em vez de cultivar, enquanto eram pequenos, seu lado mais sereno, mais calmo...

Tudo isso me fez pensar muito em você, no que significa esse seu primeiro ano de vida. E decidi, querido João, lhe dar algo que não é material mas que, agora entendo, não pode ser comparado a nenhum outro presente: solicitei um ano de licença na minha empresa para poder ficar com você, amá-lo e cuidá-lo; e seu pai pediu, também, que o dispensassem das horas extras da tarde, para chegar antes em casa e poder se encarregar do seu banho e das mamadeiras noturnas, se é que teremos que completar meu leite com elas. Estamos muito contentes. Vamos ganhar menos dinheiro durante esse tempo, mas já vimos como reduzir nossas necessidades. O que é certo é que você, sim, sairá ganhando e, claro, nós também.

> UM ANO INTEIRO DE MAMÃE. PUXA, QUE PRESENTÃO!

Sinto-me muito privilegiada por ter condições de tomar essa decisão. Em nosso caso, com um só salário podemos dar um jeito para viver; além disso, na empresa, me disseram que meu emprego está garantido. Essas condições são muito favoráveis, mas sei muito bem que a maior parte das pessoas não as têm e que muitos casais gostariam de fazer alguma coisa semelhante, mas não podem. Isso me deixa bastante chateada com essa sociedade, na qual se gasta mal as verbas e não se valoriza o que é verdadeiramente importante: a produção de uma vida, o que não dá para comparar com nenhuma dessas outras produções que se fazem nas fábricas e nas empresas.

Bem, tinha reservado essa notícia para dá-la no final, mas, já viu, não pude esperar. E, agora que já sabe, continuarei lhe contando coisas sobre as outras aulas na escola, que era o que tínhamos combinado.

Isabel nos ajudou a definir alguns comportamentos que, pelo visto, serão decisivos para a educação de vocês. Ela costuma falar sempre com frases curtas e contundentes, de modo que vou procurar reproduzir as suas palavras:

– Há cinco princípios básicos que os pais devem levar em conta:

- ➡ Combinar amor com autoridade.
- ➡ Saber dizer "sim" e saber dizer "não", sem culpa.
- ➡ Nunca dar instruções contraditórias.
- ➡ Cuidar do mundo da criança, mas também ir lhe ensinando que possui obrigações e vida própria.
- ➡ Lembrar que não são "amiguinhos" de seus filhos, mas seus pais.

POR ISSO, PRECISO DE AMIGUINHOS DE VERDADE

Ufa! Assim, tudo dito com um fôlego só, me pareceu um plano de vida bastante difícil, embora, claro, seja possível de se compreender muito bem do ângulo do senso comum. Ainda bem que Isabel, vendo nossas caras angustiadas, decidiu ir ponto por ponto, mais devagar e com muita paciência.

– A formação da conduta infantil ocorre por meio de um processo em que a criança dá muita importância aos gestos de aprovação ou proibição de seus pais, aos sinais de prazer ou desgosto...

A ideia está clara, pensei, e não será difícil pô-la em prática. A pedagoga diz que, com esse processo de lhe dizer "sim" ou "não", através de palavras ou gestos, você poderá organizar sua conduta, desenvolver sua afetividade e seus sentimentos, aprender o que é permitido e o que é proibido e que, assim, com o tempo, desenvolverá sua responsabilidade pessoal, a qual será a semente de seu senso moral.

Realmente, meu filho, não parece que nesse momento você vá necessitar de muitas explicações. Basta um "sim" ou um "não" simples para você se formar. Isabel nos explicou que, no primeiro período infantil, são inúteis as explicações causais (não coma isso porque depois vai lhe doer a barriga...) porque as crianças não estão em condições de entendê-las; isso vem mais adiante.

O PERIGO É QUE, COM ESSA DESCULPA, VAI CONTINUAR ASSIM POR MUITOS ANOS

Espero saber lhe dizer "sim", menos com minhas palavras e antes, festejando seus sucessos, estimulando-o com minha alegria quando fizer algo bem. Acho que essa será a melhor forma para que você me entenda: não lhe dando recompensas materiais, mas um beijo, um abraço, um sorriso de satisfação.

Também confio em poder lhe dizer "não" sem fazer cara de mamãe-monstro. Com essas negativas, você aprenderá, pouco a pouco, a sair de seu egocentrismo inicial, a entender que o mundo não começa e termina em você, que seus desejos nem sempre podem ou devem ser satisfeitos. Isabel diz que, depois dos seis ou oito meses, você poderá se iniciar nessa tarefa, mas que, até bem próximo de seu segundo ano de vida, lhe custará muito compreender que não é "o rei" da casa, e terá que ir aceitando isso aos poucos.

No que ela insistiu muito foi na importância de não lhe dar sinais contraditórios. Por exemplo, não lhe dizer que pode fazer algo e depois fazer comentários ou queixas sobre a chateação que foi para nós o que você fez... Ou lhe negar certo dia uma coisa e no dia seguinte, permiti-la.

SIM, SIM, JÁ SEI QUE NÃO SOU O REI DA CASA...

Ela também nos explicou que é preciso ter cuidado em não proibir uma coisa e depois, se você driblar a proibição, deixar para lá, não o repreender. Ela diz que é preciso proibir poucas coisas, dizer "não" apenas quando for realmente necessário... mas que, depois, é muito importante manter a autoridade e não deixar para lá o que dissemos.

Uma das mães se queixou, ao ouvir Isabel, de que os pais dela, quando era pequena, lhe jogavam a culpa de tudo o que acontecia de ruim em casa, do trabalho que ela lhes dava, de que não podiam sair porque tinham de cuidá-la... Isabel comentou que, sem nos darmos conta, com frequência fazemos coisas assim, que, como se podia notar, permanecem na alma da criança e a acompanham quando é adulta. Espero lembrar disso para não culpar você e saber compreender seus erros.

SIM   NÃO

De maneira que isso de educá-lo – agora entendi melhor – é, realmente, uma combinação de amor e autoridade. Elena, a psicóloga, que também interveio, deu mais ênfase a esse último aspecto, pois disse que tem seu consultório cheio de crianças "estragadas" pela falta de autoridade de seus pais. Ela nos contou o caso de uma menina a quem os pais,

> **PARA A JANTA, PREFERE MASSA OU SALADA? CARNE OU PEIXE? CENOURAS OU BATATAS?**
>
> **BOM ERA NO TEMPO DO PEITO...**

desde muito pequena, perguntavam sempre se queria ou não fazer alguma coisa, comer ou não, ir ou não ir. Eles faziam isso acreditando que assim estavam respeitando a liberdade dela, mas, pelo visto, a menina cresceu cheia de angústia, porque há idades em que vocês, crianças, não querem tomar decisões constantemente, nem estão preparadas para isso, e o que lhes proporciona mais segurança e tranquilidade é que lhes deem as coisas prontas.

Elena diz que, até que as crianças estejam maiores, é preciso cuidar muito desse aspecto. Que o apelo à liberdade de escolha de vocês tem que chegar muito mais tarde e devagarinho. Que é preciso deixar que vocês brinquem em paz. Devemos lhes botar na mesa a comida que nós achamos que é boa e pronto, e proceder assim com tudo.

Segundo Elena, o que você vai necessitar mais ao longo desse primeiro tempo, meu filho, é ter seus pais como "guias" para a sua aprendizagem e se sentir seguro ao lado deles (seguro de que o protejam e de que sabem o que é bom para você). Mas também – e agora me lembro outra vez de Isabel – nos explicaram que você terá que ir aceitando, pouco a pouco, que nós temos outras obrigações além de cuidá-lo, e que esse papel inicial que você se atribuiu, de "rei" da casa, tem que ir se moderando: vai passar a príncipe, depois a marquês... e assim até que compreenda que é apenas mais um, alguém que faz parte de um mundo em que é querido, mas onde também existem outros seres, pessoas e objetivos... Contudo, pelo visto, esse processo leva bastante tempo.

Já estou terminando – é minha última carta antes que você nasça –, mas hoje as ideias me bombardeiam e eu gostaria de não acabar nunca... Então, vou lhe contar a última historinha de Isabel, a de que não somos os "amiguinhos" de vocês. Ficamos um pouco atordoados, pois todos nós, pais e mães, já havíamos nos visualizado brincando, esticados no chão com vocês, os pequerruchos...

– Então, não se pode brincar de esconde-esconde? – perguntou seu pai.
– Claro que sim! – respondeu Isabel. – De se esconder ou de qualquer outra coisa que se queira. Mas é importante que se lembrem: o que o filho de vocês mais precisa é que vocês sejam seus pais.

Nossa cara de desconcerto deve tê-la deixado preocupada, porque, como se quisesse nos dar essa "receita" de que tanto precisávamos, Isabel disse a seguir:

– Tudo o que o adulto deve fazer é ser ele mesmo e agir de acordo com a sua idade. Há um tempo para a brincadeira, mas nem tuda na vida é brincadeira.

IMAGINAVA QUE OS ASTRONAUTAS IAM VOLTAR...

E com isso nos deixou entre pensativos e esperançosos. Podíamos saltar e brincar, até nos fantasiar, mas não tínhamos que ficar o dia todo "bancando o astronauta", nem falando "dadá-gugu" como você previsivelmente fará. Recuperarei a consciência de que minha vida mudará muito, mas continuarei sendo sempre Irene, muito próxima a você e ao mesmo tempo sem deixar de ser eu mesma. Porque essa é a maior dádiva que posso lhe oferecer.

Agora, sim, vou deixá-lo. Só me resta esperar sua chegada com toda essa esperança que divido com seu pai, com a vovó, com as amigas que

ATÉ LOGO!

todos os dias me perguntam se já sinto alguma coisa, sinais que antecipem sua visita. Uma visita que não vai ser de um dia, como as demais. Vai ser uma vinda para ficar, para fazer parte de nosso pequeno grupo e também da grande família humana.

Espero você, esperamos muito você, querido João. Um beijo muito grande.

Mamãe.

Última carta

10

Bem-vindo, João!

Queridíssimo João

Estou feliz! Você chegou muito bem, como um presente vivo, meu pequeno, que agora dorme tranquilo em seu berço. Veio para o nosso lar sendo muito desejado, tanta vontade tínhamos, seu pai e eu, de vê-lo, de abraçá-lo, de aproximar sua pele de nossos corpos.

Oi,

Sinto que, desde que você está com a gente, minha vida se tornou diferente, mais plena e ao mesmo tempo mais carregada de responsabilidades. Agora, o mundo me parece um cenário para sua própria vida, o lugar em que você vai crescer, e eu gostaria, é claro, que fosse um paraíso, mas não ignoro que nele há dor, morte, mistério... e isso me faz tremer, ao mesmo tempo em que me anima a continuar trabalhando pela mudança, a diariamente tentar que esse planeta seja um lugar de concórdia e de abraços, onde as crianças e os jovens possam crescer à vontade.

A vovó se instalou temporariamente em nossa casa e sua ajuda é muito importante para mim. Ela me ensinou a pegá-lo por baixo dos braços no banho para que você não escorregue, a me recostar enquanto o tenho no colo para mamar, tão perto, João, tão perto que até sinto bater seu pequeno coração, ou pelo menos é isso que penso, enquanto olho você nos olhos, olho e sorrio, e tomara que esse sorriso o saúde, tomara que você saiba que, entre tanta dor, nesse planeta sempre há um lugar para a alegria, para o intercâmbio cúmplice entre duas pessoas, para abrigar o mistério da esperança.

Seu pai está feliz. Hoje, foi ele quem lhe deu banho, sem pressa, demorando-se em cada movimento, aproximando as mãos da sua pele, percorrendo devagar até o último cantinho de seu corpo. Ele se diverte também vendo você mamar, e, sempre que pode, espera que você termine para pegá-lo nos braços e pô-lo apoiado em seu ombro, assim, direitinho, para que arrote. Gosto de ver vocês dois unidos, ele tão grande e você tão pequenino, passeando sem pressa, como se todo o dia se resumisse então nessa cena, no amor que nela se respira.

> NÃO SEI SE CONFIO NESSA PESSOA SEM PEITOS...

A vovó diz que você é um bom menino, porque não chora nunca, e está tão emocionada que até sonha que às vezes você sorri... Eu acho que ela está ansiosa para que a olhe e reconheça o seu rosto, porque, sabe como é, a vovó Ana tem olhos que riem por nada. Tomara que você se pareça com ela, tão aberto à vida, tão desperto.

Não gostaria de deixar minhas cartas sem uma conclusão. Comecei lhe dando as boas-vindas à vida, faz nove meses, e agora sinto que é o momento de repetir essas boas-vindas, quando você chega ao mundo, à outra forma de vida menos quentinha e mais desafiadora, em que, pouco a pouco, você terá que ir descobrindo muitas coisas.

Não sei quando você vai conseguir compreender tudo o que quero lhe dizer hoje, porque já não estou escrevendo a um menino que vai nascer, mas a alguém que faz parte desse mundo, de nossa história e cultura, e bem sei o que isso significa. Então, vou guardar esta carta para entregá-la quando você já estiver crescido, quando puder dialogar com minhas opiniões e entender algumas das ideias que agora me preocupam e que tentarei lhe explicar.

Por exemplo, a vida e o mundo não são exatamente a mesma coisa. A vida é o que flui, o que desperta o mundo a cada dia, é o que lhe proporciona seus dons e o alimenta. A vida é uma força que está em você e em mim, mas também na água, no sol, ou em uma simples folha de grama.

Ser parte da vida é uma coisa que lhe toca, desde agora, desde que você chegou ao meu ventre há algum tempo. Com ela você vai crescer, mudará, porque a vida, João, é mudança, é uma sábia conjunção entre ordem e desordem, e os que sabem dessas coisas dizem que o equilíbrio perfeito é a morte. Então, sabe como é, não posso desejar para você somente equilíbrio, mas reconhecer que chegou a um lugar flutuante e torcer para que o entenda, que aprenda a amá-lo e a gostar-se nele, como uma condição para gostar dos outros, para fazer dos dias um encontro.

QUER SER MINHA AMIGA?

O mundo é outra coisa, filho. O mundo é uma criação que nós, os humanos, temos feito aos tropeções, sem saber como e quando avançavam nossas dúvidas, nossos desejos, intuições... também retrocedemos empurrados pelo ódio, pela dor, pelos rancores, pelas lutas. O mundo é um lugar feito com mãos humanas e, portanto, imperfeito. Tem o calor de todos os que amam, mas também guarda essa outra face da dor que renasce, da doença, da morte, das guerras entre irmãos, da miséria...

Não estranhe se o grande planeta em que você chegou não é azul (embora, visto de longe, o que domine nele sejam as águas dos mares). O azul da vida limpa está misturado com a cor escura da terra, do lugar em que nós, humanos, fizemos nossa morada. Os humanos... uma espécie diferente, tão audaz, tão poderosa que às vezes dá medo.

Quer dizer, você pertence a dois: à vida e ao mundo, que, com frequência, mata a vida, destrói florestas, saqueia os oceanos. Fará parte de uma grande história que, por um lado, lhe fará pertencer a essa Natureza grande e silenciosa e, por outro, incluirá você em uma espécie, a humana, que tem música e palavras, tantas coisas belas que foram criadas para dar consolo ao nosso medo.

Em meio a essas duas forças você já está, querido João, convidado a construir sua própria história, algo que, por enquanto, não pode fazer sozinho. E é disso que quero lhe falar nessa manhã, do sentido que há em estar aqui, em um planeta frágil, quebradiço, de mãos dadas com outras pessoas. Não sei se saberei fazê-lo e confio que você entenda que tudo o que digo é apenas minha verdade, não apresenta pretensões de certeza.

A experiência humana de estar vivo tem, pelo menos, dois sentidos muito claros, segundo pude aprender nesses anos: a vida é um fenômeno em comum, algo que se compartilha, uma aventura na qual o que importa é saber cooperar, reconhecer o outro, cumprimentá-lo, aceitar sua presença. Há quem diga que a Natureza é exemplo de luta, mas eu penso que, sem negar essa verdade, também é certo que a vida desenvolveu sua força precisamente graças à cooperação, ao milagre de milhões e milhões de células, de pequeníssimos seres invisíveis e de outros maiores, que usaram estratégias compartilhadas para ir adiante, para perpetuar esse fenômeno misterioso que é a troca, a relação, esse dar e tomar que está no que é vivo, essa abertura sem a qual não seria possível continuar.

Apenas um sistema aberto abriga vida. Preste atenção, João, e não se esqueça disso. Quem se fecha caminha para a morte, para esse equilíbrio exato que define a falta de chegadas, a ausência de saídas, um mistério... Um mistério não poder conquistar outro equilíbrio que não seja o de viver mudando: acima, embaixo, flutuante existência a nossa, em um dar e aceitar que não acaba. Estamos condenados a não estar nunca sozinhos nem quietos, a necessitar e ser necessários, a começar todo dia respirando um ar que nos chega de outro lugar.

> QUE EU NECESSITE, ESTÁ BEM CLARO... QUE EU SEJA NECESSÁRIO... NÃO SEI, NÃO

Se a Natureza tem tanto de cooperação, e se nós somos Natureza, então é bom que você compreenda que é preciso primeiro aprender a cooperar, a perguntar ao outro o que ele deseja, a saber dizer alto o que queremos. E esse "outro" não é apenas outro ser humano. É também esse planeta vivo que acolhe nossa estadia momentânea, pontual, em meio a sua história. É preciso dialogar devagar com ele, ouvir seus sinais, não trair as dádivas que nos oferece, não sujar seus oceanos, não destruir as florestas, não acabar com as espécies que vivem com a gente...

Não quero que você me entenda mal: não sou partidária de não tocar em nada no mundo natural, e penso que uma certa tecnologia é boa, porque ajuda a viver mais dignamente, a ter casas confortáveis, a cultivar o alimento necessário, a curar doenças... Não, João, não é que eu seja a favor do quietismo, mas acho que há uma defasagem em nossa história: a tecnologia cresceu muitíssimo, sem freios, enquanto a consciência humana evoluiu pouco, sem percorrer paralelamente o caminho necessário para conduzir todos, pela mão do bem, a isso que chamamos "progresso", sem que soubéssemos nos guiar pelos limites da Terra e pelas necessidades da espécie humana em seu conjunto.

ESPAÇO, ME RESPONDA!!

Uma de minhas professoras me ensinou certo dia que, se não respeitamos a vida na Terra, pouco respeito poderemos ter pelos outros seres humanos, porque eles também são parte dessa vida. Na época, não entendi, mas, agora, quando vejo o quanto uma parcela do mundo se aproveita do restante, quando comprovo que se extinguem milhares de culturas simplesmente porque não têm um lugar no mercado...; quando vejo as crianças-soldados, as crianças de rua, as crianças nas fábricas com expediente integral, as crianças maltratadas...; quando observo tudo isso, então entendo minha professora e procuro voltar ao respeito primordial, ao da Terra-mãe, para, a partir daí, tornar minha a luta de todos aqueles que sofrem.

Porque há muito sofrimento aqui, entre nós. Nosso presente tem verso e reverso. De um lado, reconforta uns quantos milhares de pessoas, gente privilegiada, como você e eu, pelo mero fato de havermos nascido nessa parte rica do planeta. Mas o reverso de nosso luxo é a miséria, essa face desconjuntada da dor, a vida de milhões de pessoas que, diariamente, é esmagada pelos que têm o poder e não o dividem... Essas pessoas,

MAS NÃO VEJO NADA DE MAU

que nasceram para ser felizes, vivem uma celebração interrompida previamente, um projeto de ser que se encolhe, que é empurrado para trás, para o esquecimento, para dar espaço a esse pacto de egoísmo que é o Norte.

Você chega a um planeta de ricos e pobres, a um lugar em que restam poucos espaços de Natureza virgem, a uma Terra exaurida na qual terá que aprender a viver vendo como alguns recursos se esgotam, como se destroem riquíssimos santuários ecológicos, como se aniquilam espécies e culturas... Mas você também chega ao mistério, à mistura de um espaço que funde o sonoro com o mudo, as luzes e a sombra, o lugar do amor e o da morte, o masculino e o feminino... Você conhecerá por si mesmo a concordância do aparentemente oposto, a junção de identidades múltiplas, a tristeza mesclada com o riso... a experiência do passado e do futuro tornados presente incerto.

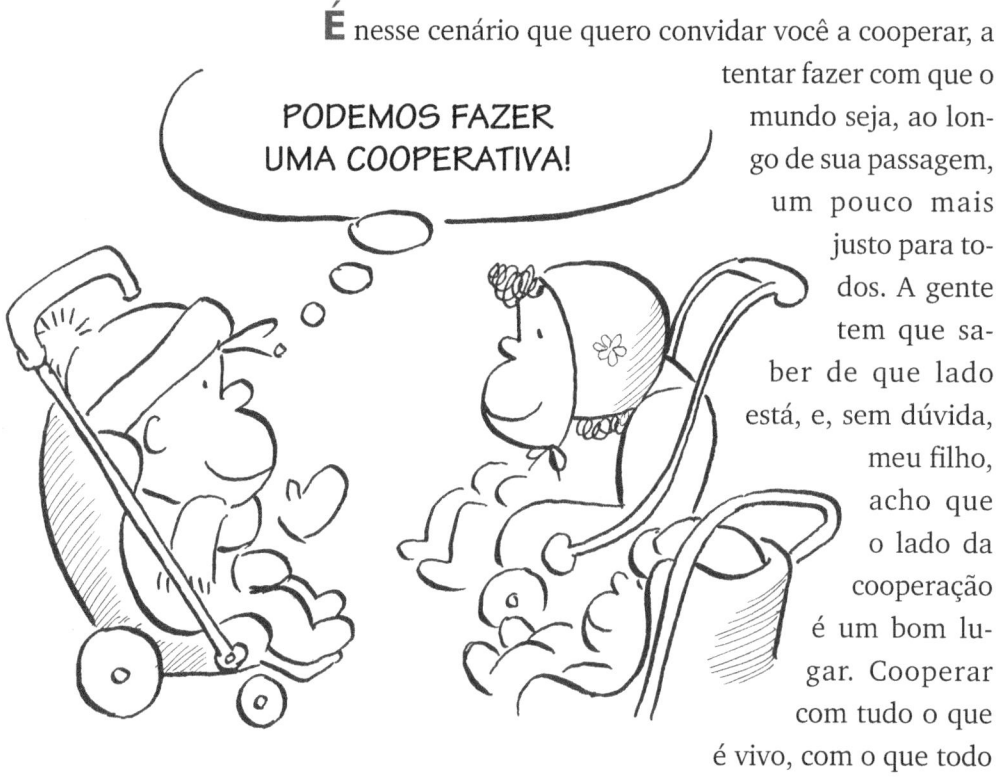

É nesse cenário que quero convidar você a cooperar, a tentar fazer com que o mundo seja, ao longo de sua passagem, um pouco mais justo para todos. A gente tem que saber de que lado está, e, sem dúvida, meu filho, acho que o lado da cooperação é um bom lugar. Cooperar com tudo o que é vivo, com o que todo dia renova o mistério, com a Natureza e também com os homens e mulheres que a fazem humana, porque mais do que nunca é necessário

PODEMOS FAZER UMA COOPERATIVA!

o abraço, o olhar que sabe perguntar "o que você quer?" ou a atenção compreensiva que dá ao outro forças para falar.

Cooperar é um bom destino, você logo verá, porque ajuda a tornar a vida mais amável. E então lhe envio minha segunda proposta: tente fazer com que aquilo que você toca seja, ao longo de sua passagem, um pouco melhor; procure deixar no que fizer a marca do amor, do sorriso. Às vezes, não podemos mudar muita coisa, mas pelo menos é possível olhar o outro nos olhos, sorrir para ele ao falar, lhe dar um lugar, mesmo que momentâneo, em nossa vida. Não esqueça essa ideia, não a esqueça e comece a praticá-la o quanto antes. A Terra é também um imenso jardim, e regá-lo diariamente é a nossa melhor tarefa.

Não sei se, até aqui, você entendeu alguma coisa, se compreendeu o que quero lhe dizer: esse lugar que você ocupa, um espaço tão pequeno quanto belo, é a continuação da vida no Cosmos. Aqui, nesse cantinho chamado Terra, você é mais um para fazer vida, está perpetuando o mistério do mundo, é parte de tudo o que cresce, da respiração diária, e nisso você se parece muito com todos os demais, os pássaros, os rios, as flores, os insetos... as pessoas que viajam com você desde o pequeno/grande mistério da luz.

Mas há outra coisa ainda que quero lhe falar. Não me esqueci, não. Trata-se de uma explicação complementar sobre o sentido que tem de se estar aqui, na Terra. É que você, João, sendo apenas mais um na espécie é, ao mesmo tempo, irrepetível, diferente de todos os outros, protagonista de uma história única, tão sua que somente você pode lhe dar expressão, fazê-la ressoar, interpretá-la.

Essa é a outra maravilha de nossa espécie: transporta, cada um de nós, algo que nos distingue, nos torna originais, dando lugar a uma criação diária, ao apogeu do diferente. Você é isso: alguém singular, salvo de antemão pelo próprio fato de existir, um ser que, por momentos, contradiz a lei da desordem crescente, um enclave de ordem em todo esse universo, uma fração diminuta mas ao mesmo tempo inapreensível da história, capaz de imaginar novos caminhos, de converter o imaginado em vida, de reinventar os sonhos, libertar a alegria, iluminar um verso nunca dito, uma palavra amorosa, uma carícia...

> ME SINTO PEQUENO COMO UM NADA E GRANDE COMO UM GIGANTE

Você será único, João, e essa é sua glória. Também é seu desafio, o sinal de um corpo a corpo com o tempo, o pulsar de uma existência em alto tom, outra oportunidade para que a música tenha quem a escute, um fragmento de céu aqui na Terra, a notícia renovada de um beijo.

Ser único é um desafio, meu filho, porque obriga você a construir sua história. Primeiro, seguro por outras mãos (e aí estamos nós todos: seu pai, eu, a vovó Ana...); depois, sozinho, por mais que, ao seu lado, alguém o acompanhe. Há um espaço de solidão que sempre nos convoca, e você será chamado também, não poderia ser de outro modo; uma solidão frágil, desvalida, clarividente e diáfana ao mesmo tempo, perturbadora e apaixonante, que dará conta do subsolo de sua alma. Nessa solidão, será preciso ser você mesmo, ninguém poderá ajudá-lo, estará diante do mundo ou no meio dele para reedificar sua própria geografia, para deixar que se expanda, iniludível, o compromisso entre sua alma e o estranho.

Não tema essa solidão. Ela sempre existe, nos envolve, nos cobre, ela é uma boa ocasião para saber – cada um sabê-lo por si mesmo – se é possível viver com compaixão nesse planeta acolhedor onde o amor desperta ameaçado, mas desperta, enfim, e nos desperta.

Você precisa, a partir dessa solidão, fazer o trajeto que será sua paisagem, montar sua identidade indistinta com os fins de um planeta que respira, que todo dia aguarda a dádiva da luz, um lugar com saudade de carícias, em que não estejam vedados nem o perdão nem o grande amor. Um mundo que o aguarda para ver o que você lhe oferece, com que sorriso novo pode surpreendê-lo, a partir de que liberdade se expandem seus desejos, suas renúncias e denúncias, também os anúncios que marcam o rumo de sua viagem.

SÓ, MAS QUENTINHO...

Porque é assim, construindo, denunciando e anunciando, que você vai fazendo parte deste mundo. Terá que descobrir por si mesmo o que é "o obrigatório", e se aceita as regras do jogo ou as dribla; também "o proibido", que é como um biombo, dobrável, reduzível, às vezes tão opaco, às vezes tão frágil – um biombo que oculta vida no outro lado e que somente você mesmo poderá fechar ou abrir ao ritmo de sua história, da própria consciência.

ESTOU DISPOSTO A RENUNCIAR

MAS PRONTO A DENUNCIAR

Você terá que descobrir quase tudo. Voltar a dar nome a cada primavera, fazer seu o desejo que antes foi dos outros, reavaliar o risco que quer assumir, avançar na dúvida, sem pontos cardeais... E, ao mesmo tempo, saudar, abrir a mente em alto grau, sorrir sem desânimo, encontrar a bondade embaixo das pedras... Terá que se fazer tão alegre quanto sua alma possa suportar, porque aí, na alegria, se cultiva o melhor dos destinos: amar muito, amar intensa e firmemente, arrancar da vida os medos e deixar que os outros tornem emocionante nossa história no mundo, para que façam dela uma celebração: a de estarmos vivos e juntos, o que não é pouco.

Veja só, meu filho, quantas coisas me vêm à mente enquanto você dorme, calmamente, em seu berço. Não sei quando poderá entender o que lhe digo, mas precisava lhe falar assim, devagarinho... Falar com a alma, como penso continuar fazendo quando me entender, com palavras sinceras, de primeira mão, que é a única coisa que posso lhe oferecer por enquanto, um presente vernáculo, feito em casa, um leve ponto de apoio para esse percurso que você já iniciou.

Sinta-se muito amado. Que os pequenos sulcos de sua primeira vida se desdobrem, devagarinho, entre o amor... E tomara que você seja, algum dia, todas as coisas que tenha sonhado.

Bem-vindo, João! Seja bem-vindo ao mundo!

Mamãe.

> ENTENDO DIREITINHO, MAMÃE. NÃO VOU ESQUECER